야고보서, 삶으로 읽다

한기채 지음

일러두기

- 특별한 표기가 없는 모든 성경 구절은 개역개정성경을 인용한 것입니다.
- 각 장이 끝난 후 QR코드로 강의 영상을 볼 수 있습니다.

야고보서, 삶으로 읽다

한기채 지음

토기장이

야고보서, 삶으로 네 믿음을 증명하라

야고보서는 베드로전후서, 요한일이삼서, 유다서와 함께 공동서신이라 불린다. 바울의 서신들이 특정한 교회나 인물들에게 보내진 것과는 달리, 공동서신은 초기의 모든 교회를 향한 공통된 메시지를 담고 있다. 공동서신이 바울서신과 또 다른 점은 편지를 쓰는 발신자의 이름이 서신서의 제목이 되었다는 점이다.

야고보서의 저자는 예수님의 형제 야고보다. 그는 처음에는 형제인 예수님의 사역에 부정적인 입장을 취했다고 알려져 있다. 그러나 부활하신 예수님을 만나 믿음을 갖게 된 후, 예루살렘 교회의 지도자가 되었다. 야고보서의 내용으로 미루어 볼 때, 박해와 환란이 있었던 시대인 것을 감안하고, 그가 주후 62년에 순교 당했음을 생각하면, 주후 60-62년경에 예루살렘에서 기록된 것으로 추정된다.

야고보서를 읽으면 그 안에 예수님의 산상설교가 메아리치고 있어서 산상수훈의 해설서 같다는 느낌을 받는다. 고난당할 때 기뻐하라(약 1:2, 마 5:10-12), 온전함을 이루라(약 1:4, 마 5:48), 하나님께 구하라(약 1:5, 마 7:7), 성내지 말라(약 1:20, 마 5:22), 말씀을 듣고 행하라(약 1:22, 마 7:24-27), 온 율법을 지키라(약 2:10, 마 5:19), 긍휼히 행하라(약 2:13, 마 5:7), 나무는 열매로 안다(약 3:12, 마 7:16), 화평케 하라(약 3:18, 마 5:9), 세상과 벗된 것이 하나님의 원수다(약 4:4, 마 6:24), 마음의 청결(약 4:8, 마 5:8), 애통한 자의 복(약 4:9, 마 5:4), 형제를 비방하지 말라(약 4:11-12, 마 7:1-5), 재물을 하늘에 쌓아 두라(약 5:2, 마 6:19), 선지자를 본받으라(약 5:10, 마 5:12), 맹세하지 말라(약 5:12, 마 5:33-37) 같은 내용이다.

야고보서는 신약의 지혜서로서 신자들의 삶의 구체적인 지혜를 가르쳐 준다. 사실 윤리는 삶의 지혜인데, 야고보서는 최초의 기독교 윤리서라고 볼 수 있다. 그런데 구약의 잠언처럼 교훈과 경고들이 나열되어 있기 때문에 구조 파악이 좀 어렵다. 인내(1:2-4), 기도(1:4-8), 가난과 부요함(1:9-11), 말씀 들음과 행함(1:19-27), 차별하지 마라(2:1-7), 말에 대한 교훈(3:1-12), 위로부터 난 지혜(3:13-18), 마음의 성결(4:1-10), 비방하지 마라(4:11-12), 허탄한 자랑(4:13-17), 가난과 부요함(5:1-6), 인내와 기도(5:7-11), 말과 행동(5:12), 믿음의 기도(5:13-20) 같은 교훈들이다. "믿음으로 말미암는 의"를 강조해 온 바울서신들의 가르침을 보완하는 의미에서 야고보가 많은 실천적인 내용들과 구체적인 덕들을 강조하고 있는 것은 분명하다. 야고보서의 출현은 어쩌면 초대교회의 숙명 같은 것이다. 율법으로부터의 자유는 자칫 무법적 혼란을 낳을 위험이 있었을 것이다. 너도 나도 믿음을 이야기하지만 말만의 믿음은 충분하지 못하다. 이신득의(以信得義) 복음이 널리 전파된 것은 분명 기쁜 일이었지만, 행함과 실천의 문제가 남아 있었다. 야고보서는 그런 위기에 봉착한 초대교회에 믿는 자의 행함도 중요하다는 것을 가르쳐 주는 귀한 서신이다. 야고보는 행함이 없는 믿음은 심지어 죽은 믿음이라고 선언한다.

이러한 야고보의 행함에 대한 가르침이 "행위로 얻는 의"를 의미하는 것은 아니다. 믿음을 전제로 한 선한 행실과 세상의 선행은 겉으로 볼 때는 유사하지만, 본질적으로는 큰 차이가 있다. 야고보는 다음과 같이 설명한다. "네가 보거니와 믿음이 그의 행함과 함께 일하고 행함으로 믿음이 온전하게 되었느니라"(약 2:22). 믿음과 행함 중 행함이 먼저일 수 없음을 야고보는 분명히 하고 있다. 다만 보이지 않는 믿음은 행함을 통해 드러나는 것이고, 따라서 행함이 믿음을 낳을 수는 없지만, 행함은 믿음을 온전하게 한다고 설명한다. 다시 말하면 온전한 믿음은 반드시 행함이 동반되어야 한다는 것이다.

야고보서의 행함에 대한 강조는 기독교의 이신득의의 교리를 온전하게 보완해 주는 중요한 가치를 가지고 있다. 특히 개인주의와 이기주의가 만연한 오늘의 현실에서 야고보서의 가르침은 온전한 믿음에 대해 다시 생각하게 해준다. 현재 한국에서 기독교는 최대 종교이고, 구원의 확신을 가지고 있는 신자들도 많은데, 그들이 세상의 소금과 세상의 빛의 역할을 제대로 감당하는 것 같지는 않다. 이 땅에 하나님을 믿는 기독교인들이 많음에도 불구하고 기독교인의 선한 영향력이 제대로 발휘되지 못하고 있다면, 우리가 가진 믿음을 다시 돌아볼 필요가 있다. 그것은 아마도 믿음을 온전하게 하는 행함이 동반되지 못하기 때문일 것이다. 믿음이 생활화되지 못했기 때문일 것이다. 믿음보다 행함을 강조하는 율법주의나 형식주의는 경계해야 하지만, 혹 말뿐인 기독교인으로 살아가고 있는 것은 아닌지 우리의 삶을 돌아보며 야고보서의 가르침을 마음에 새겨야 할 것이다. 우리의 믿음은 교회뿐 아니라 가정과 일터와 사회에서 증명되어야 한다. 우리는 개별적으로 하나님을 체험하지만 우리의 믿음은 공적으로 표현되어야 한다. 우리의 믿음은 삶에서 증명되어야 한다.

이 책은 CBS 〈성서학당〉 프로그램을 통하여 나누었던 말씀을 정리한 것이다. 귀한 기회를 주신 CBS 관계자들께 감사드린다. 원고 정리를 도와준 김재명 목사님 그리고 토기장이 조애신 대표님을 비롯한 편집팀에 감사드린다. "오래되고도 새로운 교회"를 지향하는 중앙교회가 창립 115주년을 맞이하면서 성도님들과 작은 열매를 나눌 수 있어서 기쁘다. 이 책이 한국교회의 변화와 성숙, 그리고 성도들의 건강한 신앙생활에 도움이 되기를 소망한다. 하나님께 영광을 돌린다.

중앙성결교회 목사 서재에서

한기채

차례

1
9복

[1]하나님과 주 예수 그리스도의 종 야고보는 흩어져 있는 열두 지파에게 문안
하노라 [2]내 형제들아 너희가 여러 가지 시험을 당하거든 온전히 기쁘게 여기
라 [3]이는 너희 믿음의 시련이 인내를 만들어 내는 줄 너희가 앎이라 [4]인내를
온전히 이루라 이는 너희로 온전하고 구비하여 조금도 부족함이 없게 하려
함이라 [5]너희 중에 누구든지 지혜가 부족하거든 모든 사람에게 후히 주시고
꾸짖지 아니하시는 하나님께 구하라 그리하면 주시리라 [6]오직 믿음으로 구
하고 조금도 의심하지 말라 의심하는 자는 마치 바람에 밀려 요동하는 바다
물결 같으니 [7]이런 사람은 무엇이든지 주께 얻기를 생각하지 말라 [8]두 마음
을 품어 모든 일에 정함이 없는 자로다 [9]낮은 형제는 자기의 높음을 자랑하고
[10]부한 자는 자기의 낮아짐을 자랑할지니 이는 그가 풀의 꽃과 같이 지나감이
라 [11]해가 돋고 뜨거운 바람이 불어 풀을 말리면 꽃이 떨어져 그 모양의 아름
다움이 없어지나니 부한 자도 그 행하는 일에 이와 같이 쇠잔하리라 [12]시험을
참는 자는 복이 있나니 이는 시련을 견디어 낸 자가 주께서 자기를 사랑하는
자들에게 약속하신 생명의 면류관을 얻을 것이기 때문이라 약 1:1-12

야고보서는 그레코-로만 시대 서신의 서두 형식을 따라 발신자, 수신자, 문안인사로 시작하고 있다. "하나님과 주 예수 그리스도의 종 야고보는 흩어져 있는 열두 지파에게 문안하노라"(약 1:1). '야고보'라는 이름은 구약의 '야곱'에서 나온 것으로 유대 사회에서 흔한 이름이다. 예수님의 제자 중에도 야고보가 두 명 있었다

(세베대의 아들 야고보와 알패오의 아들 야고보). 야고보서를 집필한 야고보는 예수님의 형제로 알려져 왔다. 예수님에게는 야고보, 요셉, 시몬, 유다라는 남자 형제들이 있었고 누이들도 여럿 있었다(마 13:55-56). 야고보는 예수님을 제외하면 요셉과 마리아 가정에서 연장자에 해당한다. 아마 야고보는 예수님과 함께 유년 시절을 보냈을 것이다. 하지만 야고보는 예수님과 혈연적 유대가 있다고 해서 거들먹거리거나 경만하게 굴지 않았다. 오히려 자신을 소개하는 것을 보면 예수님에 대한 신앙 고백적 표현을 사용하고 있다. 그는 자신을 '예수 그리스도의 동생 야고보'라고 하지 않고 "하나님과 주 예수 그리스도의 종 야고보"라고 하고 있다. 예수님을 자기의 '형'이 아니라 "주"라고 부르고 있다. "주"라는 것은 헬라어로 '퀴리오스'인데 이는 하나님을 가리키는 극존칭이다. 예수님이 자기에게 주님이시라면, 자신은 예수님의 "종" 즉 '둘로스'가 된다. 그레코-로만 사회에서 종, 즉 노예는 전쟁 포로나 포로의 후손들, 혹은 경제적 이유로 인신이 팔린 사람들로서, 사람이라기보다는 재산으로 여겨질 정도였다. 주인들은 종에 대한 생사여탈권을 지니고 있었으니, 종이란 그 시대에 가장 불쌍하고 가련한 사람들을 의미하는 용어였다. 차라리 태어나지 않았으면 좋을 뻔한 사람들이었다. 하지만 야고보는 자기를 예수 그리스도의 "종"이라 칭하는 것을 전혀 주저하지 않았다. 자신은 죽고 오직 주님만을 바라보며 섬기겠다는 각오와 결단의 표현이다.

요한복음에 따르면 야고보를 위시하여 그의 형제들은 예수님의 공생애 기간 중에는 예수님을 메시아로 믿지 않았다(요 7:5). 하지만 그들은 오순절 마가의 다락방에서 12명의 제자와 함께 기도에 전념하는 모습을 보인다(행 1:14). 따라서 그들이 믿음을 갖게 된 것은 부활하신 예수님을 만난 뒤일 것이다(고전 15:7). 야고보는 예루살렘 교회의 지도자로서 기둥 같은 존재가 되었고 예루살렘 회의에서 의장 역할을 했다. 하지만 그는 62년경에 순교했다.

야고보는 이 서신을 "열두 지파"에게 보내고 있다. 열두 지파란 '이스라엘 전체 구성원'을 의미하는 상투적인 표현이다. "흩어진"이라는 표현은 팔레스타인 땅을 벗어나 로마 제국 전체에 흩어져 살고 있는 디아스포라 유대인을 의미한다. 야고보는 로마 제국 어디서든지 예수님을 주님으로 믿는 믿음을 가지고 살아가는 유대계 기독교인들에게 이 서신을 발송하고 있다. 하지만 원시 그리스도교 공동체들이 스스로를 "새 이스라엘"로 인식하고 자신들을 구약적 관점에 따라 "흩어진 열두 지파"라고 인식했다면, 수신자는 모든 유대계 및 이방계 기독교인 전체가 될 것이다. 이 서신의 수신자가 유대계 신자들이든 이방인을 포함한 모든 신자들이든, 이 서신은 공동서신(the catholic epistles)에 해당한다. 로마서, 고린도전후서, 갈라디아서, 에베소서, 빌립보서, 골로새서, 데살로니가전후처럼 특정한 교회 공동체에 보낸 것이 아니라, 모든 기독교인이 이 서신의 수신자가 되어 읽도록 기록된 공적 서신이다.

루터는 야고보서를 "의로운 지푸라기 서신"이라고 혹평했다. "야고보서는 다른 책들, 요한복음, 바울의 로마서, 갈라디아서, 에

베소서, 베드로전서와 비교해 볼 때 의로운 지푸라기 서신에 지나지 않는다. 왜냐하면 야고보서는 아무런 복음적 성격을 지니고 있지 않기 때문이다." 하지만 루터는 시대적인 상황과 압박이 있었기 때문에 이 서신의 가치를 평가절하한 것이다. 루터는 구원에서 행위를 강조했던 중세 가톨릭 신학과 맞서서 바울에게 초점을 맞추어 설교해야만 했기 때문이다. 루터는 바울의 이신칭의 교리와 구원론이 야고보서에 분명하게 보이지 않는다고 생각했다. 하지만 가톨릭과의 투쟁의 시대인 종교개혁 시대가 지난 뒤 나타난 요한 웨슬리는 복음의 도덕적 명령에 무관심한 교회에 맞서 야고보의 관점을 강조했다. 시대와 상황에 따라 요청되는 말씀의 강조점이 달라지는 것이다.

하지만 정작 바울과 야고보 사이에는 신학적으로 갈등과 충돌과 이견이 있다고 보기 힘들다. 신약 문서들을 면밀히 검토해 보면 바울과 야고보는 최소 네 차례의 회동을 가진 것으로 보인다. (1) 바울이 다메섹에서 예수님을 영접한 뒤, 만 삼 년 만에 예루살렘에 올라갔을 때(갈 1:18-20), (2) 안디옥교회 대표로 구제헌금을 들고 예루살렘을 방문했을 때(행 11:21-30), (3) 제1차 예루살렘 공의회에서(행 15:6-29), (4) 이방인에게 나아가 복음을 전하라는 주님의 음성을 들으면서 예루살렘 성전에서 기도하고 있었을 때(행 22:17-23) 등이다. 이런 잦은 접촉에도 불구하고 예루살렘 교회 지도자요 초대교회의 정신적 기둥인 야고보는 바울의 정통성을 전혀 의심하지 않았다는 점을 주목해야 한다. 또한 사도행전

15장은 "할례와 율법 없는 복음 전파" 문제에 대한 예루살렘 공의회를 묘사하고 있다. 이곳에서 야고보가 어떤 신학적 견해를 지니고 있는지를 추론해 볼 수 있다. 야고보는 이 회의의 의장으로서 제기된 문제와 갑론을박하는 토론을 청취한 뒤 중재안을 제시했다. 즉 이방인이 율법이나 할례 없이 예수님을 영접하고 하나님의 백성에 가입되는 것이 맞다고 하면서 세상의 오해를 막기 위해서 몇 가지 주의 사항을 덧붙이는 정도였다. "그러므로 내 의견에는 이방인 중에서 하나님께로 돌아오는 자들을 괴롭게 하지 말고 다만 우상의 더러운 것과 음행과 목매어 죽인 것과 피를 멀리하라고 편지하는 것이 옳으니 이는 예로부터 각 성에서 모세를 전하는 자가 있어 안식일마다 회당에서 그 글을 읽음이라 하더라"(행 15:19-21). 야고보의 중재안이 가결되어 초대교회들은 이 준칙에 의거하여 이방인 선교를 수행하게 되었다. 야고보는 결코 바울과 베드로의 구원론에 이의를 제기하지 않았다. 야고보는 은혜로 말미암는 기독교 구원을 인정하면서도 기독교인다운 삶의 양태도 중시하는 면모를 보인다. 야고보의 예루살렘 공의회에서의 발언과 야고보서의 증언은 일치한다.

칭의(稱義, justification)라는 관점으로 볼 때 바울과 야고보의 차이는 이것뿐이다. 바울서신이 '사람은 어떻게 의롭게 되는가?'라는 '칭의의 원인'을 설명하고 있다면, 야고보서는 '의롭게 된 사람은 어떻게 살아야 하는가?'라는 '칭의의 결과'에 관심을 모으고 있다. 야고보는 바울의 이신칭의의 복음을 오해하고 있는 신자들에게 바른 이해를 촉구하고 있는 것이다. 즉 '믿음이 행함과 분리될 수 있는 것처럼 오해하는 자들'을 위해 이 서신을 기록하여 교정하고자 하는 것이다. "내 형제들아 만일 사람이 믿음이 있노라 하고 행함이 없으면 무슨 유익이 있으리요 그 믿음이 능히 자기를 구원하겠느냐"(약 2:14). "네가 보거니와 믿음이 그의 행함과 함께 일하고 행함으로 믿음이 온전하게 되었느니라"(약 2:22). 한국의 신자들도 근자에 이르러 이전에 비해서 구원의 확신을 가진 분들이 상당히 많다. 심지어 교회에 출석하지 않는 명목상의 신자들도 물어보면 구원의 확신을 갖고 있다는 통계가 있다. 하지만 기독교인들의 삶의 변화나 신앙생활의 열심은 나아지지 않고 있다. 세상은 기독교인들에게 특별히 높은 수준의 도덕성을 기대하고 있는데, 현실적으로 보면 세상만도 못한 수준을 드러낼 때도 많다. 교리적인 측면에서 신앙의 의식화는 잘 되었는데, 윤리적인 측면에서 신앙의 생활화가 미흡한 것이다. 그러다 보니 기독교인은 세상의 지탄을 받고, 하나님의 영광을 가리는 실정이다. 구원의 복음을 '값싼 구원', '값싼 은혜'로 만들고 있다. 이에 대해 '신자라면 신자답게 살라'는 메시지가 야고보서의 주장이다.

전반적으로 볼 때 야고보서는 어떤 커다란 주제의 흐름은 파악하기 힘들고, 대신 다양한 주제들이 반복되면서 심화하는 모습을 갖고 있다. 야고보서에서는 대략 13개 정도의 주요 주제들을 확인할 수 있다. 야고보는 이 주제를 전개함에 있어서 구약의 율법서, 선지서, 지혜서를 많이 참조하고 있지만, 특별히 예수님의 가르침, 즉 산상수훈에 절대적으로 의지하고 있다. 이번 단락에서도 시험, 지혜, 빈부라는 주제가 나온다.

시험

인사말이 끝나자마자 야고보는 제일 먼저 '시험'이라는 주제를 들고 나온다(2-4절). "내 형제들아 너희가 여러 가지 시험을 당하거든 온전히 기쁘게 여기라"(약 1:2). "시험"이란 헬라어로 '페이라스모스'이며, "당하다"라는 말은 '페리핍토'다. 합성어 '페리-핍토'는 '~의 안쪽으로 떨어진다'는 의미다. 사람들은 예수님을 믿기만 하면 만사형통일 것으로 기대하지만 실상은 그렇지 않다. 믿음 생활 이후에도 시험이 계속되는 경우가 많다. 물론 믿음 이후의 시련은 믿음 전과는 완전히 다른 성격을 지니지만 말이다. 신앙생활을 잘하고 있음에도 어느 날 갑자기 '시험 한가운데로 뚝 떨어지는 경우'가 있다. 요셉이 형들에게 갔다가 갑자기 깊은 구덩이에 떨어진 것처럼 말이다(창 37:24). 그래도 이것을 이상한 일이라고 생각하지 말아야 한다. 신앙인은 오히려 신앙 여정 중에 시험을 예상해야 한다. 신자가 된다는 것은 시험을 면제해 준다는 의미가 아니다. 그러나 신자에게 닥치는 시험은 교정을 위한 시련, 완전하게 하기 위한 시련일 때가 많다. 하나님은 그 사랑하시는 자를 징계하신다. 욥의 고난은 이런 진실을 우리에게 극적으로 잘 보여 주고 있다. 더구나 "여러 가지" 시험이라고 했다. 시험은 다양한 형태로 우리에게 닥쳐온다. 때로는 건강의 문제로, 때로는 관계의 문제로, 때로는 물질의 문제로, 때로는 가정의 문제로, 때로는 직업의 문제로, 때로는 영적인 문제로 다가온다.

사람이 시험을 당하면 슬퍼하고 두려워하고 당황하는 것이 인지상정(人之常情) 아닌가. 그런데 야고보는 "기쁘게 여기라"고 권고한다. "여기다"는 헬라어로 '헤게오마이'인데, 본래 '앞에서 이끌어가다'라는 어원을 간직하고 있다. 이 단어에서 '헤게모니'(패권)라는 어휘가 파생했다. 이 어원에 주목해서 본 절을 다시 해석하면, '여러 가지 시험을 당한 자는 다가올 기쁨을 미리 예상하라'는 의미다. 비록 당장은 당면한 시험 때문에 자기의 영적인 시야가 좁아지고 고통과 슬픔을 크게 느끼고 그것에서 벗어날 궁리로 골몰하겠지만, 그 시험이 가져올 영적인 은혜와 혜택을 미리 생각해 보라는 의미다. 그러므로 오히려 큰 기쁨으로 받아들이라는 의미다. 마치 환난 중에 있던 욥이 고백한 대로 말이다. "그러나 내가 가는 길을 그가 아시나니 그가 나를 단련하신 후에는 내가 순금같이 되어 나오리라"(욥 23:10). 욥은 다른 사람과 달리 '앞선 생각'을 지닌 사람이었다. 앞으로 될 일을 생각하면 시험을 어떻게 맞이할 수 있을까? 진심으로 기쁘게 여기게 될 것이다. 후에는 이 시험 탓에 아주 존귀한 것이 찾아온다고 예상하라. 성도의 위대함은 고난의 시험을 기쁨으로 받아들이는 데 있다. 이러한 믿음이 고난과 시험을 승화시켜 준다. 예수님도 그렇게 사셨다. "믿음의 주요 또 온전하게 하시는 이인 예수를 바라보자 그는 그 앞에 있는 기쁨을 위하여 십자가를 참으사 부끄러움을 개의치 아니하시더니 하나님 보좌 우편에 앉으셨느니라"(히 12:2).

그렇다면 왜 여러 가지 시험을 만나면 온전히 기쁨으로 받아들여야 하는가? "이는 너희 믿음의 시련이 인내를 만들어 내는 줄 너희가 앎이라"(약 1:3). '시험'의 본질이 바로 '믿음의 시련'임을 여기서 밝히고 있다. "시련"은 헬라어로 '도키미온'으로서 앞에 나온 '페이라스모스'와 동의어다. 시련에는 목적이 있다. 시련을 통과하면 우리 믿음이 정화되고 단련이 되고 강화될 것이다. 용광로를 생각해 보라. 수천 도에 이르는 뜨거운 풀무불 속에서 광석들이 녹아 버린다. 그 용융 상태에서 온갖 종류의 불순물들이 제거된다. 그렇게 광석은 순전한 금, 순결한 은으로 승화되는 것이다. 물론 이 일을 위해서 "인내"가 꼭 필요하다. 오직 믿음의 시련이 인내를 창조해낸다. 사실 이런 영적 원리는 수신자들도 이미 다 아는 바다. "너희가 앎이라." 하지만 안다고 해서 인내할 수 있는 것은 아니다. 알지만 그것을 실천하지 못할 때가 많지 않던가! 우리 각자를 향한 주님의 섭리는 바로 그 불가능을 가능으로 바꾸는 것이다. 주님은 우리 신앙생활 중에 맞닥뜨리게 되는 시험과 시련을 통해 그런 인내를 담보해 내는 것이다. 따라서 시련의 터널을 끝까지 견뎌내야 한다.

"인내를 온전히 이루라 이는 너희로 온전하고 구비하여 조금도 부족함이 없게 하려 함이라"(약 1:4). 시련을 통해 인내가 창조되고, 그 인내로 인해서 완전해지는 과정을 거친다. 인내를 온전히 이루라는 것은 끝까지 잘 마치라는 뜻이다. 잘 하다가도 도중에

중단하면 좋은 결과가 나올 수 없다. 도자기를 굽는데, 도중에 불을 끄거나 도자기를 끄집어내면 완성품이 되지 못한다. 인내가 없이는 온전한 사역을 이룰 수 없다. 인내에서 온전한 사역이 나온다. 온전한 사역은 인내의 열매다. "인내는 쓰다. 그러나 그 열매는 달다."

여기서 주목해야 할 단어는 "온전함"이다. 인내가 자신의 온전한 열매를 맺게 되면, 우리 안에서도 '온전함'과 '구비함'과 '부족함 없는 성품'이 달성된다. 본래 온전함은 구약 시대에 하나님께 드리는 제물의 흠 없음을 의미하는 용어였다. 제물이 무흠하다는 의미다. 이것은 구약에서 본 '완전'의 개념인데, 이 개념을 사람에게 적용하면 '하나님과의 관계에서 나뉘지 않는 순종과 흠 없는 삶'이라고 표현할 수 있다. 인내가 충만한 수준에 이르게 되면, 우리 안에서 온전함이 생기고, 여러 가지 성품과 능력이 구비되고, 부족함이 없는 상태가 된다. 즉 영적 성숙이 이뤄진다. 야고보는 신자의 신앙 여정의 일단으로서, 시험에서 시련으로, 시련에서 인내로, 인내에서 사역으로, 사역에서 온전함으로 사상을 전개시키고 있다.

인내가 이처럼 유익한 열매를 가져오기는 하지만, 사실 인내는 연단 받은 성도의 고귀한 성품이다. 인내는 성령의 열매 중 "오래 참음"과도 관련된다. 인내의 성품을 지닌 자는 복을 받게 될 것이다. "보라 인내하는 자를 우리가 복되다 하나니 너희가 욥의 인내를 들었고 주께서 주신 결말을 보았거니와 주는 가장 자비하시고 긍휼히 여기시는 이시니라"(약 5:11). 인내하는 자는 복되다. 욥은 무수한 고난 속에서도 인내했고 종국에는 큰 복을 받았다. 농부들도 인내할 때 풍성한 수확을 거둔다(약 5:7). 선지자들도 고난과 오래 참음의 본을 보여 주었고 하나님의 거룩한 사자로 인정받고 선지자의 상을 받았다(약 5:10).

지혜

두 번째로 야고보가 다루는 주제는 "지혜"다(5-8절). "너희 중에 누구든지 지혜가 부족하거든 모든 사람에게 후히 주시고 꾸짖지 아니하시는 하나님께 구하라 그리하면 주시리라"(약 1:5). 문맥상으로 볼 때 야고보는 지혜와 기도를 앞에 나온 "시험"과 연관시키고 있다. 즉 시험을 이길 지혜를 기도로 구하라는 의미다. 시련은 우리로 하여금 기도하게 만든다. 그리고 시련은 인내만이 아니라 지혜를 얻게 한다. 하나님이 인도하시는 시련은 우리를 기도하게 만들고, 시련을 통해 삶의 지혜를 얻게 한다. 시련 속에서 기도하다 보면 말씀을 얻게 되고, 응답도 받고, 지혜도 얻게 되어, 신앙이 성숙하게 된다. "고난당한 것이 내게 유익이라 이로 말미암아 내가 주의 율례들을 배우게 되었나이다"(시 119:71).

야고보는 이런 지혜를 구할 때 확고한 믿음으로 구할 것을 요청한다. "오직 믿음으로 구하고 조금도 의심하지 말라"(약 1:6). 이는 기도하는 자의 자세를 말하는 것으로, 기도자가 응답의 확신이 없으면 자신의 마음과 삶에 안정도 없고 정함도 없게 된다는 의미다. 그래서 확신 없는 기도자는 "바람에 밀려 요동하는 바다 물결" 같다고 야고보는 은유적으로 말한다. 시련의 파도가 일 때 확신 있는 기도의 닻을 내려야 한다. 우리는 무엇인가를 하나님께 구할 때, 혹시 그 기도 제목 때문에 하나님께서 꾸짖지 않을까 하는 염려를 품기도 한다. 하지만 지혜는 삶의 원숙한 판단을 위해 꼭 필요한 것이기 때문에 하나님은 절대로 꾸짖지 않으시고 도리어 풍성하게 주신다. 예수님도 약속하셨다. "구하라 그리하면 너희에게 주실 것이요"(마 7:7). 솔로몬이 일천 번제를 드린 날 밤, 하나님이 솔로몬에게 현몽하여 "내가 네게 무엇을 주랴?" 하셨을 때, 솔로몬은 왕이라면 으레 구하는 것 대신 백성들의 재판을 듣고 분별할 귀(지혜)를 달라고 요청했다. 일신의 영달을 위한 간구가 아니라 자신에게 주어진 사명 감당을 위한 간구였다. 이에 하나님은 기뻐하시면서 솔로몬에게 역사상 전무후무한 지혜를 주실 뿐만 아니라 그가 구하지도 않은 부귀와 영광과 장수를 주시기까지 했다. 사실 지혜 안에는 이 모든 것들이 들어 있다. 지혜를 구하는 것은 하나님을 기쁘시게 하는 것이기 때문에 하나님은 후히 주실 것이다.

빈부 문제

야고보가 제기하는 세 번째 주제는 빈부 문제, 즉 물질 문제다(9-11절). 또한 야고보는 재물이 초래하는 지위 격차 문제도 함께 다루고 있다. 오래전에 모회사의 CF에서 "부자 되세요"라는 멘트가 나왔는데 그 당시에 그야말로 대박을 터뜨렸다. 이 멘트가 사람들의 마음의 코드에 딱 맞아떨어진 것이다. 그동안 새해 덕담은 "새해 복 많이 받으세요" 혹은 "건강하세요" 정도였다. 하지만 이 CF 이후에 맞은 2002년 새해 덕담은 "부자 되세요"로 순식간에 바뀌었고, 이후로도 줄기차게 이 말이 인용되고 있다. 그전까지 한국 사회는 물질주의와 황금만능주의에 지배당하고 있었지만, 도덕주의라는 허울에 눌려 공개적으로는 돈에 대한 욕망을 표출하지 못했다. 하지만 이 CF는 그런 세속적인 욕망을 마음껏 분출할 수 있는 계기를 만들어 주었다. 재물에 대한 인간의 갈망이 얼마나 큰가! 사람의 마음속에서 하나님과 경쟁할 만한 우상으로 재물이 등장할 정도다. "너희가 하나님과 재물을 겸하여 섬기지 못하느니라"(마 6:24). 야고보 공동체에도 여느 단체와 마찬가지로 부자와 빈자가 섞여 있었고, 심지어 차별도 있었으며, 그들 사이에 보이지 않는 알력과 갈등이 있었고, 전반적으로 물질에 대한 갈망이 팽배했음을 추론할 수 있다.

야고보에 따르면 물질 문제, 빈부의 문제, 지위 문제도 믿음의 관점에서 바라봐야 한다. 우리 삶이 육신을 입고 있는 현 세계로만 국한된다면 부와 물질을 많이 향유하는 것이 좋다. 많으면 많을수록 좋은 다다익선(多多益善)이다. 하지만 믿는 우리는 영원히 영생해야 하는 존재다. 이처럼 존재의 지평이 확장되면, 재물과 지위에 대한 평가는 반드시 달라져야 한다. 세상적 가치관이 아니라 성경적 가치관에 따라 살아가야 한다.

영화 〈타이타닉〉을 보면 이런 일이 나온다. 타이타닉 호가 빙산에 부딪혀 침몰하고 있었을 때 선장은 전원 퇴선 명령을 내렸다. 구명정이 내려지고 많은 사람이 자기 생명을 구하기 위해 그 구명정에 타려고 아우성을 쳤다. 그때 배 안으로 들어가는 두 여인이 대조를 이루었다. 한 여인은 선실로 가서 성경책을 가지고 나왔다. 그 여인은 무사히 구출되었다. 반면 한 여인은 금은보석을 챙겨서 나오는 바람에 구명정에 오르지 못하고 타이타닉과 함께 침몰하고 말았다. 배가 침몰하기까지 무려 4시간이나 있었다. 의지만 있었다면 얼마든지 살 수 있었지만, 재물을 자기 생명보다 귀히 여기다 자기 목숨을 잃게 된 것이다. 우리도 재물에 대해서 올바른 가치평가를 하지 못한다면 영화에 나온 이 어리석은 여자처럼 될 것이다.

목회하다 보면 요양원에 계신 교인들을 찾아뵐 때가 많다. 어떤 분은 조금 더 고급스러운 요양원에서 지내고, 어떤 분은 저렴한 곳에 계신다. 평생 재물을 얼마나 모았느냐, 자식들이 얼마나 성공했느냐에 따라 황혼기의 삶의 질이 달라진다. 하지만 그것뿐이다. 모든 분이 노년의 고통을 호소하신다. 노쇠해져 가는 육체 때문에 많은 아픔을 호소하신다. 조금 더 고급스러운 요양원에서 보낸다고 해서 더 행복해 보이지 않는다. 재물이 줄 수 있는 위로는 무척 제한적임을 알 수 있다. 재물도 유효기간이 있는데 우리 생각보다 아주 짧다. 부가 주는 속임수에 속지 말아야 한다. 재물의 효능은 일시적이다. 이 원리는 부자든 빈자든 동일하게 적용된다.

이 세상에는 부자와 빈자가 섞여 산다. 세상은 부자는 복을 받았고, 가난은 저주를 받았다고 말한다. 높은 지위의 사람은 존경하고, 낮은 지위의 사람은 무시한다. 심지어 교회에서도 가난한 성도는 믿음도 없고 능력도 없고 하나님의 복을 받지도 못했다고 판단한다. 부자는 하나님이 사랑하고 믿음도 좋아 복을 받았다고 생각한다. 하지만 그것은 큰 착각이다. 야고보는 빈자와 부자 각각을 향해 다음과 같이 권면한다. "낮은 형제는 자기의 높음을 자랑하고 부한 자는 자기의 낮아짐을 자랑할지니"(약 1:9-10). 가난을 부끄러워하지 말고, 부도 자랑하지 말라는 말이다. 낮은 형제가 "자기의 높음"을 자랑할 수 있는 근거는 하나님께서 그를 가치 있게 생각해 주시기 때문이다. 가난해도 자긍심을 잃지 말아야 한다. 하나님은 가난한 자를 택하셔서 믿음에 부요하게 하시고 천국을 상속으로 받게 하시기 때문이다. 가난하기 때문에 오직 하나님께만 소망을 두고 하나님 나라를 바라보며 주님과 동행한다면 복 있는 사람이다(눅 6:20 참고). 비록 가진 것은 없다고 해도, 하나님은 이렇게 사랑스럽게 말씀하실 것이다. "○○아, 내가 너를 사랑한다." 각자 자기 이름을 넣어 세 번씩 읽어 보라. 하나님의 마음으로 이 말을 읊조려 보라. 그러면 부자는 복이 없는가? 아니다. 마음먹기에 달려 있다. 부한 형제는 정함 없는 재물에 소망을 두지 말고 겸손하게 낮아져서 섬겨야 한다. 그럴 때 아름답다. 없다고 비굴하지 말고, 있다고 교만하지 말라. 없다고 부끄러워 말고, 있다고 자랑하지 말라. 이 모든 것은 땅의 관점이 아니라 하늘의 관점을 가질 때 가능해진다.

우리는 재물이 있든 없든 시험을 잘 통과해야 한다. '없음의 시험'만 있는 것이 아니라 '있음의 시험'도 있다. 광야의 '없음의 시험'도 있고 가나안의 '있음의 시험'도 있다. 광야의 시험은 잘 통과했는데 가나안의 시험에 넘어지는 자가 많다. 이는 많은 물질 때문에 망하는 것이다. 재물이란 것은 본래 허망한 것이다. "이는 그가 풀의 꽃과 같이 지나감이라 해가 돋고 뜨거운 바람이 불어 풀을 말리면 꽃이 떨어져 그 모양의 아름다움이 없어지나니 부한 자도 그 행하는 일에 이와 같이 쇠잔하리라"(약 1:10-11). 물질적인 것은 모두 일시적이다. 허망한 것이다. 부동산 등기부 등본을 떼어보면 동일한 부동산에 소유주 이력이 기록되어 나온다. 샀다가 매도한 사람, 죽은 후 자식들에게 상속한 사람 등 이전 소유자들의 이름에 붉은 줄이 그어져 있다. 어떤 부동산은 이런 빨간 줄이 유독 많은 물건도 있다. 그것을 볼 때마다 부동산에 비해 인생이 얼마나 짧고 유한한가를 여실히 느끼게 된다. 산천은 유구한데 인걸은 간 곳 없다. 이것이 영적인 진리다. 지금 재물을 소유하고 있다고 해도 언젠가 자기의 이름에도 빨간 줄이 그어질 날이 반드시 올 것이다. 부동산 등 재산은 영원히 자기 이름으로 등록해 놓을 수 없다.

시험과 지혜와 빈부 문제의 결론으로 야고보는 이렇게 말한다. "시험을 참는 자는 복이 있나니 이는 시련을 견디어 낸 자가 주께서 자기를 사랑하는 자들에게 약속하신 생명의 면류관을 얻을 것이기 때문이라"(약 1:12). 산상수훈의 팔복(八福)에 이어 이 복은 아홉 번째 복, 즉 구복(九福)이 될 것 같다. 우리에게 시험이 닥쳐오는 것을 이상하게 여기지 말고 기쁘게 받아들여야 한다. 그리고 지혜를 간구해서 이 시험을 이겨낼 영적, 정신적 자산을 쌓아야 한다. 그리고 물질과 재산에 대한 기독교적 가치관을 갖고 흔들림 없이 살아가야 한다. 그것이 바로 시험을 참는 길이다. 그렇게 해서 통과하게 된다면 하나님은 반드시 생명의 면류관을 씌워 주실 것이다. 이런 점에서 시련은 신자에게 유익한 것이다. 시련을 사용하시는 하나님께 영광과 감사를 돌려 드리자.

강의 영상

2
시험과 유혹

13사람이 시험을 받을 때에 내가 하나님께 시험을 받는다 하지 말지니 하나님
은 악에게 시험을 받지도 아니하시고 친히 아무도 시험하지 아니하시느니라
14오직 각 사람이 시험을 받는 것은 자기 욕심에 끌려 미혹됨이니 15욕심이 잉
태한즉 죄를 낳고 죄가 장성한즉 사망을 낳느니라 16내 사랑하는 형제들아 속
지 말라 17온갖 좋은 은사와 온전한 선물이 다 위로부터 빛들의 아버지께로부
터 내려오나니 그는 변함도 없으시고 회전하는 그림자도 없으시니라 18그가
그 피조물 중에 우리로 한 첫 열매가 되게 하시려고 자기의 뜻을 따라 진리의
말씀으로 우리를 낳으셨느니라 약 1:13-18

야고보는 이전 단락(약 1:1-12)에서 이미 '시험'에 관해서 언급했다. 이번 단락(약 1:13-18)도 '시험'이라는 주제를 다룬다. 하지만 '시험'이라는 단어의 의미는 사뭇 다르다. 야고보는 앞에서 이렇게 말했다. "시험을 참는 자는 복이 있나니 이는 시련을 견디어 낸 자가 주께서 자기를 사랑하는 자들에게 약속하신 생명의 면류관을 얻을 것이기 때문이라"(약 1:12). '시험'은 헬라어로 '페이라스모스'인데, 두 가지 의미로 해석할 수 있는 중의적(重義的) 어휘다. 첫 번째는 테스트(test)로서의 시험이고, 두 번째는 유혹(temptation)으로서의 시험이다. 앞 단락에서 말한 내용이 테스트

로서의 시험이었다면, 이번 단락에 나오는 시험은 '유혹' 혹은 '미혹'으로서의 시험이다. 만약 우리가 당하는 시험이 첫 번째 의미로서의 '테스트'라면 우리가 해야 할 일은 그 자리를 고수하면서 잘 견뎌내는 것이다. 그러면 인내가 만들어지고 결국 생명의 면류관을 얻게 된다. 이런 종류의 시험을 참는 사람은 복되다. 이런 시험은 참아내야 한다. 왜냐하면 그 시험은 일시적이고 가치 있는 것을 만들고는 곧 사라질 것이기 때문이다. 예수님께서 공생애 시작하실 때 받으신 시험이 바로 이런 시험이었다(마 4:1-11).

반면 유혹이나 미혹의 의미를 안고 있는 시험은 저항하고 도망치는 것만이 최선이다. 유혹은 참는다고 해결되는 것이 아니다. 유혹은 선을 이루는 것이 아니기 때문에 빨리 피하고 빠져나와야 한다. 유혹은 일시적으로 찾아오는 것이 아니라 다양한 모습으로 자주 찾아온다. 그래서 유혹으로서의 시험은 주의해야 한다. 이전 단락에서는 시험이 긍정적인 뉘앙스를 가졌지만, 이번 단락에서는 부정적인 의미를 띠게 된다. 그러므로 잘 구별해야 한다. 야고보는 의도적으로 같은 어휘를 사용해서 전혀 다른 메시지를 각각 전달하고 있다. 테스트와 유혹은 언어상으로는 명확히 구별되는 것 같지만 현실에서는 구별하기 어렵기 때문이다. 따라서 야고보는 우리에게 영적 분별력을 키우라고 촉구하고 있다.

요셉의 생애를 관찰하면, 그는 시험도 당하고 유혹도 당한 것을 알 수 있다. 귀한 집 아들이 팔려 이국땅에서 종살이를 하는 것, 억울하게도 옥살이를 하는 것은 테스트로서의 시험이었고 이것을 잘 견뎌냈더니 애굽의 총리가 되고 면류관을 쓰는 놀라운 복을 받았다. 한편 보디발 장군의 아내로부터 끊임없이 추파와 애정 공세를 받은 것은 유혹과 미혹에 해당하는 것이다. 이런 유혹은 빨리 도피하는 것만이 최선이다. 심지어 자기의 겉옷이 벗겨져서 현장에 떨어진다고 해도 뒤돌아보지 말고 도망쳐야 한다. 이런 경우 보디발 장군의 집 안에 있는 것보다 차라리 감옥에 있는 편이 더 안전하다고 말할 수 있다. 요셉은 테스트도 당했고, 유혹도 당했는데 잘 분별하여 바르게 대처하였다. 테스트는 참고 통과해야 하고, 유혹은 빨리 도망쳐야 한다. 세상의 시험에는 이 두 가지가 섞여 있다.

야고보는 우리가 유혹과 미혹으로서의 시험을 받을 때 어떻게 반응해야 타당한지 알려 준다. "사람이 시험을 받을 때에 내가 하나님께 시험을 받는다 하지 말지니 하나님은 악에게 시험을 받지도 아니하시고 친히 아무도 시험하지 아니하시느니라"(약 1:13). '시험'과 비슷한 주제로 '고난'도 동일한 이야기를 할 수 있다. 우리의 유익을 위해 하나님이 주신 고난도 있지만, 스스로 자초한 백해무익한 고난도 있다. 이 둘은 구별을 잘해야 하고, 자초한 고난을 받지 않도록 경계해야 한다. 13절에서 야고보는 누군가의 말을 인용하는 듯하다. 아마도 초대교회에서 스스로 신앙심이 깊다고 자부하는 교인이 유혹과 어려움을 겪을 때 하나님을 향해 항변조로 하는 푸념을 인용한 것 같다. "내가 하나님께 시험을 받는다"는 말은 내게 책임이 없는데 하나님께서 억지로 나로 하여금 큰 고통과 유혹과 미혹에 빠지게 하셨다고 하면서 하나님을 원망하는 발언이다. 과연 그럴까? 하나님은 신앙생활을 잘하고 있는 신자를 억지로 고난과 환난과 유혹의 구렁텅이에 빠뜨리실까? 야고보는 절대 아니라고 단언한다. 그 고난의 원인은 하나님이 아니라 자기 자신 때문임을 깨달으라고 한다. 자기 신앙에 자부심을 갖는 바리새인 같은 신앙인들의 공통점은 이와 같다. 평소에 자기가 하나님이나 된 것처럼 생각하고 말한다. 자기 마음에 생각나는 것이 하나님의 생각이요, 자기가 하는 모든 행동은 성령의 인도하심에 의한 것이라고 한다. 아마도 이 신앙인은 나름대로 성경도 많이 읽고 기도도 많이 한 사람일 것이다. 하지만 아무리 탁월한 신앙을 지니고 있다 해도, 자기 마음에 일어나는 모든 것들, 즉 욕심이나 미움이나 악한 생각까지 하나님이 주셨다고 생각해서는 안 된다.

열왕기상 1-11장에는 솔로몬의 지혜와 영광과 성전 건축과 왕궁 건축에 관한 이야기가 나온다. 솔로몬은 기브온 일천 번제 이후 하나님에게서 받은 지혜로 이스라엘 왕조를 놀랍게 흥성시키고 번영시켰다. 역사상 전무후무한 솔로몬의 지혜는 두 여인의 친자 확인 소송에서만 작동한 것이 아니라, 국가 중앙 행정 조직을 구성하고 지방을 12관할구로 분할하는 데에서도 발휘되었다. 솔로몬 왕은 부친 다윗 왕 때와는 많이 다른 국가 조직 체계를 세움으로써 번영과 평화를 일구어냈다. 왕상 4장 1-19절은 솔로몬이 중앙 정부 조직을 세우고 각 지방을 12개로 분할하여 책임자를 관장으로 세운 내용을 다루고 있다. 하나님의 지혜로 만들었으니 이 행정조직 체계가 얼마나 견고하고 효율적이었을까? 행정학 서적에 모범 사례로 등재될 만하다. 하지만 12개 지방 행정 조직에는 유다 지파가 빠져 있는데, 이는 혈족 지파라서 왕실에서 직할 통치를 위해서 그리한 듯하다. 그래서 유다 지파는 일 년에 한 달씩 왕실에 양식을 공급하는 일과 병마를 위해 보리와 꼴을 제공하는 의무에서 면제되었다. 하지만 이 특혜적인 조치로 유다 지파와 북쪽 지파들 간에 알력과 질투가 생겨났고, 솔로몬 사후에는 나라가 분열되는 비극을 초래하게 되었다. 하나님의 지혜를 받았던 솔로몬조차도 이런 실수를 하는데, 하물며 우리야 어떠하겠는가!

아무리 은혜 충만, 성령 충만하다고 해도 나의 일거수일투족이 전부 하나님의 뜻에 들어맞는다고 할 수는 없다. 자기 생각과 자기 판단이 잘못된 것일 수도 있는데, 너무 확신한 나머지 언행을 함부로 하고 단언적 표현을 하기도 한다. 신앙인은 부단히 자신을 살피고 자기 마음과 생각이 어디에서 왔는지 분별하면서 살아가야 하는 존재다. 우리는 영적인 교만을 버리고 하나님 앞에서 언제나 겸손함을 견지해야 한다. 영적으로 교만한 사람은 자신이 잘못하고도 하나님께 책임을 돌리고, 자신의 책임을 인정하지 않는 경향이 크다.

몇 년 전에 뉴스에서 본 이야기다. 이단인 만민중앙성결교회의 이재록 목사가 미국 라스베이거스에 가서 슬롯머신을 하면서 도박을 했다. 그것이 사법 당국에 적발되었다. 기자가 기소된 이재록 목사에게 이런 질문을 했다. "당신은 왜 도박을 했습니까?" 이에 대해서 이재록 목사는 자신도 무척이나 피곤해서 하고 싶지 않았지만, 건축 자금을 마련하라는 하나님의 음성을 듣고 슬롯머신을 한 것이라고 말했다. 자기 행동은 자기의 뜻이 아니라 하나님의 뜻에 따른 것이기 때문에 자기 책임이 아니라는 투로 답변한 것이다. 자기 잘못을 하나님의 이름으로 정당화하려는 자들, 이들은 하나님의 이름을 망령되이 일컫는 자들이다. 불의와 불법과 죄에 대해서 하나님은 지시하신 바가 없다. 어떤 고난에 대해서도 하나님을 비난해서는 안 된다. 이런 악습은 이단 사이비만이 아니라 정상적인 신앙생활을 하는 사람 중에도 의외로 많다.

야고보는 사람이 유혹과 미혹에 빠져드는 원인이 자기 안에 있음을 선포한다. "오직 각 사람이 시험을 받는 것은 자기 욕심에 끌려 미혹됨이니"(약 1:14). 야고보는 이런 종류의 시험은 하나님이 주신 것이 아니라고 분명히 단언한다. 자기 생각, 정확히 말해 자기 욕심이 불러온 참화일 뿐이다. 손바닥도 마주쳐야 소리가 난다. 내 안에 욕심이 있는 상태에서 외부의 어떤 자극이 있게 되면 곧바로 반응하게 되어 있다. 만약 내 안에 욕심이 없다면 외부의 그 어떤 자극도 우리에게 영향을 미칠 수가 없다. 내부적 욕심과 외부적 유혹이 연합하여 작동하는 것이다. 아담과 하와가 왜 타락했는가? 뱀이 속여서 타락했는가? 이미 하와 안에는 욕심이 태동하고 있었다. "여자가 그 나무를 본즉 먹음직도 하고 보암직도 하고 지혜롭게 할 만큼 탐스럽기도 한 나무인지라"(창 3:6). 거기에 기름을 부은 것이 뱀의 유혹이었다.

혹시 당신은 사기를 당한 적이 있는가? 보이스 피싱을 당한 적이 있는가? 왜 사기를 당하고 보이스 피싱을 당하는가? 태반이 우리 안에 있는 욕심 때문이다. 사기꾼들은 그것을 이용한다. 예전에 나도 유혹과 시험을 받은 적이 있다. 미국에서 유학하면서 목회한 뒤에 한국으로 귀국할 무렵의 일이다. 명색이 미국에 거주했다고 하면서 그 유명한 하와이를 한 번도 가보지 못했다고 하면 섭섭할 것 같아서 귀국하는 길에 하와이를 경유하기로 했다. 하와이만 간다고 다 되는 것은 아니다. 문제는 하와이의 관광 명소를 다니기 위해서는 입장료 등 많은 돈이 필요하다는 것이었다. 길을 걷고 있는데 어떤 사람이 각종 입장권을 공짜로 주겠다고 했다. 콘도미니엄 분양 설명회에 참여해서 말을 듣기만 하면 되고, 꼭 계약할 필요는 없다고 했다. 마음속에 금전적인 필요를 많이 느끼는 차에 이런 제안을 들으니 마다할 이유가 없었다. 분양 설명회는 30분 정도 진행되었고 정말 잘된 프리젠테이션이었다. 설명회 후에 입장권을 받기 위해 줄을 섰는데, 각자 신분증을 제시하라고 했다. 나는 미국 영주권자도 시민권자도 아니기 때문에 여권을 냈다. 그러자 담당자가 호객인에게 "왜 미국 영주권자도 시민권자도 아닌 사람을 모셔왔느냐"고 하면서 추궁하는 것이다. 호객인은 자신이 미국 시민권자임을 물어 확인했다고 변명했다. 마치 내가 영어를 못 알아들어 그곳에 온 것처럼 책임을 나에게 떠넘긴 것이다. 실랑이를 듣고 있던 초등학생 내 아들이 그 호객인을 향해 "You are a liar"(당신은 거짓말쟁이야)라고 했다. 결국 입장권은 받지도 못하고 아까운 시간도 버리고 기분도 망치고 말았다.

이 사건 이후에 아들은 기회가 생길 때마다 "아빠는 공짜를 좋아해서 문제야!"라고 내 아픈 부위를 찌른다. 내 안에 돈에 대한 열망이 없었다면 과연 이 호객꾼에게 끌려갔을까? 나와 상관도 없는 콘도미니엄 분양 설명회에 참여했을까? 그곳에서 그런 수치와 부끄러움을 당했을까? 결국 이 모든 일은 내 안에 있던 욕망이 원인이 된 것이다. 사기와 강도와 살인과 간음과 같은 범죄 행위는 당사자 안에 있는 욕심이 자극될 때 이루어지는 경우가 많다. 가해자가 되든 피해자가 되든, 욕심이 자극받을 때 순간적으로 제정신이 아니게 된다. 최면에 걸린 듯이 끌려가게 된다. 무엇인가에 홀린 것처럼 되어 버린다.

야고보에 따르면 내 욕심이 시험을 만들어 내는 것이다. 무슨 수를 써서라도 부자가 되겠다고 하면 반드시 시험에 든다. 무슨 수를 써서라도 권력을 얻겠다고 하면 시험에 빠진다. 무슨 수를 써서라도 성적을 올리겠다고 하면 시험이 온다. 심지어 선생인 아버지가 시험지를 유출해서 자녀들에게 가져다주는 범죄를 저지르기도 한다. 이렇게 얻어낸 것을 하나님이 주신 복이라고 말하면 하나님을 욕되게 하는 것이다. 그것은 하나님이 주신 것이 아니라 자신이 만들어낸 것이다. 그것은 불의의 재물, 불의의 권력, 부정한 성적이다. 목적이 좋으면 수단도 정당해야 한다. 또한 내 욕심이 있는 곳에 시험이 있다는 사실을 절대 잊지 말아야 한다. 하나님이 억지로 나를 시험하시는 것이 아니다. 내가 스스로 시험에 드는 것이다. 그러므로 예수님이 주기도에서 가르쳐 주신 것처럼 "시험에 들게 하지 마옵시고"라고 항상 기도해야 한다.

그런 점에서 욕심은 또한 약점이라고 표현할 수 있다. 재물에 대한 욕심이 지나치면 사기와 도둑질 같은 경제 범죄를 저지른다. 이성에 약한 사람은 성추행과 같은 성범죄를 저지른다. 명예와 권력에 대한 욕심이 크면 권모술수와 모략으로 범죄하기 쉽다. 욕심은 약점이 된다. 사탄과 마귀에게 이용당하고 농락당할 먹이가 된다. 귀신은 우리 약점을 귀신같이 잘 안다. 그래서 항상 조심해야 한다. 귀신은 우리 약점을 놓치지 않고 집요하게 파고든다. 그래서 승승장구를 하다가도 순식간에 몰락의 길로 들어서게 된다. 모든 사람은 다 약점이 있기 때문에 이것을 인정하고 그 약점이 범죄로 나아가지 못하게 방어해야 한다. 미리 그런 환경과 상황에 들어가지 않도록 해야 한다. 예방이 최선이다.

"미혹된다"는 말은 헬라어로 '델레아조'인데 '미끼를 사용해서 잡는다'는 의미다. 낚시하는 사람은 미끼를 사용해서 물고기를 잡는다. 심지어 어떤 낚시꾼은 가짜 미끼를 던져 고기를 잡기도 한다. 어리석은 물고기는 그 미끼를 먹을 수 있다고 생각하지만, 자기가 먹히는 입장으로 뒤바뀔 줄은 꿈에도 모른다. 미끼 뒤에는 바늘이 있고, 바늘 뒤에는 줄이 있고, 그 줄 뒤에는 낚시대가 있고, 낚시대 뒤에는 낚시꾼이 있다. 그 뒤에는 죽음이다. 물고기에게는 이런 연쇄 과정이 보이지 않는다.

사사 삼손은 역발산기개세(力拔山氣蓋世)의 힘센 존재였다. 블레셋의 민족적 억압에 맞서 민족을 위해 몸부림을 치는 사람이었다. 하지만 그에게 약점이 있었으니 바로 정욕과 쾌락이었다. 삼손은 여성 편력이 심했다. 미모의 여성들만 쫓아다녔다. 그의 약점에도 불구하고 하나님께서 때로 그를 통해 민족을 구원해 내기도 하셨지만, 그의 약점은 결국 자신을 파괴하는 도구가 되었다. 삼손을 잡기 위해서 블레셋 사람들은 미인계를 이용하기로 했다. 들릴라라고 하는 미끼를 삼손에게 던진 것이다. 삼손의 눈에는 아름다운 들릴라만 보였다. 하지만 그 들릴라의 뒤에는 블레셋 군대가 있었다. 미끼를 먹는 순간 내가 먹히는 것이다. 이것이 욕심이다. 이것이 유혹이다. 결국 미끼에 걸려버린 삼손은 두 눈이 뽑히고 맷돌질하는 종이 되었다. 우리를 시험하는 자는 하나님이 아니라 사탄이다. 사탄은 광명의 천사로, 그의 졸개들은 의의 일꾼들로 가장한다. 그들은 우리 욕심을 자극한다.

야고보는 유혹의 진로, 즉 그 진행되는 경로를 밝히고 있다. "욕심이 잉태한즉 죄를 낳고 죄가 장성한즉 사망을 낳느니라"(약 1:15). 앞 단락에서는 시험이 인내를, 인내가 생명을 낳는다고 했다. 반면 이번 단락에서는 욕심이 죄를 낳고, 죄가 사망을 낳는다고 한다. 하나는 생명의 흐름이고, 다른 하나는 죽음의 흐름이다. 시험의 방향이 완전히 다르다. 야고보는 이 죽음의 과정을 번식의 언어를 사용해서 설명한다. 욕심이 우리 마음에 착상되면 잉태된다. 잉태된 욕심은 세포분열을 통해 점점 커져서 죄를 출산한다.

죄가 장성하면 결국 사망을 낳게 된다. 단번에 사망에 이르지 않는다고 해도 결국은 사망에 이른다. 이기적인 욕망이 죄악을 결정하고, 인생에 확실한 패배를 가져온다. 바늘 도둑이 소도둑 되는 것이다. 주의 깊게 볼 것은 이 연쇄 반응의 시발점이 '욕심'이라는 것이다. 하나님과 동행하며 하나님의 마음에 합한 다윗은 밧세바 사건으로 말미암아 하나님을 떠나 죽음의 길로 빠졌다. 다윗 안에 있던 정욕이 간음을, 간음이 거짓과 기만을, 거짓과 기만이 살인 교사를, 살인 교사가 우리아의 죽음을, 맨 나중에는 자신의 아이의 죽음까지 몰고 왔다. 이기적인 욕심을 빨리 포기하지 않고 그냥 내버려 두면 반드시 죄에 빠지고 결국은 파멸하게 된다. 따라서 정욕은 죄의 어머니이고, 죽음은 정욕의 손자라고 할 수 있다.

이 원리를 신자들의 삶에 적용해 보자. 자기 욕심이 외적인 유혹을 불러오고, 때로는 외적 유혹이 내적인 반응을 불러일으킨다. 외적 충동은 내게 만족과 쾌락을 가져다줄 것처럼 착각을 불러일으킨다. 결국 죄악된 행동을 감행한다. 선을 넘는 것이다. 이런 행동이 반복되면 악한 습관이 형성된다. 악한 습관으로 확실한 사망에 이르게 된다. 앞에서도 말했지만, 자신의 욕망을 이루기 위해 하나님을 이용하지 말아야 한다. 자기 욕심으로 만들어내는 것은 하나님이 주시는 것이 아니다. 그렇게 자기 욕심대로 살면서 맞게 된 시험과 유혹에 대해서 하나님을 탓하고 비방한다는 것은 어불성설이다.

야고보는 신자들에게 조심할 것을 경고한다. "내 사랑하는 형제들아 속지 말라"(약 1:16). 신자들은 자기 자신에게 속기도 하고 사탄에게 속기도 한다. 특히 사탄은 이런 영적 원리를 보지 못하도록 속이는 말로 속삭인다. "네 아픔의 근원은 하나님이다." "하나님 때문에 죄를 지었다." "이 모든 것이 다 하나님 책임이다." 사탄은 우리에게 하나님에 대하여 오해하거나 불평하게 만든다. 하지만 영적 진리는 정반대다. 하나님은 나쁜 것을 주시는 분이 아니라 좋은 것을 주시는 분이다. "온갖 좋은 은사와 온전한 선물이 다 위로부터 빛들의 아버지께로부터 내려오나니 그는 변함도 없으시고 회전하는 그림자도 없으시니라"(약 1:17). 하나님은 시험이 아니라 선물을 주신다. 그 선물은 "온갖 좋은 은사와 온전한 선물"이다. 그리고 이것은 세상이 주는 것이 아니고 "다 위로부터" 즉 하늘로부터 내려오는 것이다. 신자 중에서도 세상이나 사람으로부터 오는 복을 구하는 사람이 많다. 그래서 유혹을 당한다. 우리는 반대로 하늘로부터 오는 선물을 구해야 한다. 하나님은 좋은 것을 주신다. 하나님은 온전한 것을 주신다. 하나님은 변함이 없으신 창조주이시다.

우리에게 좋은 선물을 주시는 분은 "빛들의 아버지"이시다. 전능하시고 완전하시고 영원하신 창조주이시라는 의미다. 그분과 함께 있으면, 그분이 주시는 선물을 받으면 어두움, 절망, 두려움이 사라진다. 대체로 인간의 선행은 약간의 그림자가 있다. 세상의 복은 밝은 면과 어두운 면이 있다. 그러나 하나님은 완전하신 분이기 때문에 그림자도 없다. 하나님이 주시는 복은 완전하기 때문에 후회가 없다.

지금까지 묘사한 인간상은 본래 구원받지 못한 자들에게 적용되는 말씀이다. 본래 기독교인은 주 안에서 옛 자아가 죽고 새로운 자아로 태어난 자들이기 때문에 이런 과정을 거쳐서는 안 된다. 하나님의 새 창조의 목적이 아니기 때문이다. "그가 그 피조물 중에 우리로 한 첫 열매가 되게 하시려고 자기의 뜻을 따라 진리의 말씀으로 우리를 낳으셨느니라"(약 1:18). 그리스도인들은 자연인들과는 전혀 다른 길을 걷도록 창조되었다. 많고 많은 피조물과 사람 중에 우리를 그리스도인이 되도록 선택하신 하나님의 뜻도 이 죽음의 연쇄 과정에서 벗어나게 하시려는 것이다. 우리는 그런 점에서 "첫 열매"라고 해야 한다. 첫 열매가 있으니 후속된 열매들이 많아질 것이다. 여기에는 지금 기독교회의 초창기에 야고보의 공동체 구성원이 세상 사람들처럼 행동해서는 안 된다는 의미도 들어 있다. 우리는 하나님에 의해 새롭게 태어난 자들이다. 새 술은 새 부대에 담아야 하듯, 우리도 유혹의 욕심을 따라 썩어져가는 구습을 따르는 옛 사람을 벗어 버려야 한다.

하나님이 우리를 낳은 수단은 "진리의 말씀"이다. 예수 그리스도에 관한 복음의 말씀과 세례를 통해 우리는 새 피조물로 거듭났다. 한편 이 진리의 말씀의 또 다른 용처는 우리를 올바른 길로 인도하는 것이다. 유혹을 물리치는 길은 진리의 말씀밖에 없다. "청년이 무엇으로 그의 행실을 깨끗하게 하리이까 주의 말씀만 지킬 따름이니이다"(시 119:9). 하나님 말씀이 우리를 지켜 준다. 광야에서 40일 금식기도를 하시면서 사탄의 유혹을 받으실 때 예수님은 성자 하나님의 권위로 물리치지 않으시고, "기록되었으되"라고 하시며 오직 주의 말씀과 진리로 대적하여 승리하셨다. 예수님은 얼마든지 자신의 권위로 사탄을 물리치실 수 있었지만, 시험을 당할 때 우리가 어떻게 해야 하는가를 가르쳐 주시기 위함이었다. 우리도 이런 유혹을 받을 때 "진리의 말씀"으로 싸워 이겨야 한다. 그러기 위해서는 말씀을 잘 알아야 한다. 우리는 살면서 많은 유혹과 미혹과 시험을 만나게 될 것이다. 그때 우리는 영적 분별력을 가져서 이것이 어디서 오는 것인지 변별해 내야 한다. 하나님에게서 온 것인가? 내 욕심으로부터 온 것인가? 그때 기준이 되는 것이 바로 진리의 말씀이다. 그리고 그 말씀을 붙들면 어떤 유혹에서도 벗어나게 될 것이다. 우리를 유혹하려고 달려오는 사탄, 이 세상 모든 풍조에 대해서 믿음을 가지고 잘 분별해 내고, 하나님 말씀에 견고하게 서서 승리하시기를 바란다.

강의 영상

3
청행일치(聽行一致)

19내 사랑하는 형제들아 너희가 알지니 사람마다 듣기는 속히 하고 말하기는
더디 하며 성내기도 더디 하라 20사람이 성내는 것이 하나님의 의를 이루지
못함이라 21그러므로 모든 더러운 것과 넘치는 악을 내버리고 너희 영혼을 능
히 구원할 바 마음에 심어진 말씀을 온유함으로 받으라 22너희는 말씀을 행하
는 자가 되고 듣기만 하여 자신을 속이는 자가 되지 말라 23누구든지 말씀을
듣고 행하지 아니하면 그는 거울로 자기의 생긴 얼굴을 보는 사람과 같아서
24제 자신을 보고 가서 그 모습이 어떠했는지를 곧 잊어버리거니와 25자유롭
게 하는 온전한 율법을 들여다보고 있는 자는 듣고 잊어버리는 자가 아니요
실천하는 자니 이 사람은 그 행하는 일에 복을 받으리라 26누구든지 스스로
경건하다 생각하며 자기 혀를 재갈 물리지 아니하고 자기 마음을 속이면 이
사람의 경건은 헛것이라 27하나님 아버지 앞에서 정결하고 더러움이 없는 경
건은 곧 고아와 과부를 그 환난중에 돌보고 또 자기를 지켜 세속에 물들지 아
니하는 그것이니라 약 1:19-27

야고보서의 전체 주제는 1장 22절이라고 볼 수 있다. "너희는 말씀을 행하는 자가 되고 듣기만 하여 자신을 속이는 자가 되지 말라." 들은 말씀을 행함으로 옮기라는 의미다. '들은 것'과 '행하는 것'이 일치되게 하라는 의미다. 그래서 제목을 청행일치(聽行一致)로 잡았다. 로마서를 위시한 여러 서신에서 바울은 '믿는 것'과 '행하는 것'의 일치를 말하고 있다. 이것은 신행일치(信行一致)다. 그

런데 바울이 말한 신행일치보다 더 어려운 것이 야고보가 말한 청행일치라고 생각한다. 어떻게 말씀을 듣는 바대로 다 행하겠는가? 심지어 청행일치(聽行一致)는 언행일치(言行一致)보다도 더 힘이 든다. 내가 말한 대로 행한다는 언행일치는 자기 확신과 의지와 여건이 되기 때문에 발설한 것이고, 따라서 어느 정도는 실현 가능성이 높다. 물론 처음부터 거짓으로 말한 경우도 있고, 환경이 변화되어 식언하는 경우도 비일비재하지만 말이다. 반면 청행일치는 처음부터 자기 의지가 개입된 것이 아니기 때문에 더욱 어렵다. 이번 단락에서 야고보는 '듣는 것'에 대한 강조를 많이 하고 있다.

야고보는 구체적으로 '말하기' 혹은 '성내기'보다 '듣기'의 중요성을 다음과 같이 강조하고 있다. "내 사랑하는 형제들아 너희가 알지니 사람마다 듣기는 속히 하고 말하기는 더디 하며 성내기도 더디 하라"(약 1:19). 이 표현은 유대인의 전통적인 지혜에서 인용한 것이지만, 이제 야고보를 통해 신적 권위가 입혀진다. '지혜의 말씀'이 '하나님의 말씀'이 된다. 이 말씀의 의미를 음미하기 위해서 영어를 병기하면, 우리는 '듣기는 속히 하고'(quick to listen), '말하기는 더디 하며'(slow to speak), '성내기도 더디 해야'(slow to become angry) 한다.

"듣기는 속히 하라"는 무슨 뜻일까? "속히"(헬, 타퀴스)라는 단어는 경청의 속도와 관련된 것이 아니라, 경청을 위한 내적 준비, 마음의 준비, 만반의 준비를 하라는 뜻이다. 우리가 듣기 위해 신경을 쓰지 않는다면 우이독경(牛耳讀經), 마이동풍(馬耳東風)이 되어 대화는 겉돌게 될 것이다. 우선 알아 두어야 할 사실은 대화에서 제일 중요한 것은 말하기 이전에 듣기라는 사실이다. 어린아이들이 말을 배우는 과정도 듣기부터 시작한다. 사실 영어학습도 듣기부터 시작해야 한다. 처음에는 모르더라도 자꾸 듣다 보면 말귀를 알아듣고 말문이 트이게 된다. 야고보서는 지혜서라 말에 대한 교훈(약 3:1-12)도 많이 나오지만 그것보다 먼저 '듣는 것'을 교훈하고 있다. 경청의 기술이야말로 좋은 대화, 성공적인 대화를 위한 필수 조건이다. 대화는 듣는 것에서부터 시작된다. 한자 '들을 청(聽)'을 파자(破字)하면 재미있는 사실을 알 수 있다. '귀 이(耳)' 글자 두 개가 겹쳐서 변(邊)을 이루고 있고, '열 십(十)' 아래에 '눈 목(目)'을 옆으로 누이고, '한 일(一)' 아래에 '마음 심(心)'으로 마무리하고 있다. 경청하기 위해서는 두 귀를 다하고 열 개의 눈과 마음을 모아야 제대로 들을 수 있다는 것이다. 경청한다는 것은 두 귀를 쫑긋 세우고, 눈이란 눈은 다 열어 상대를 관찰하면서, 정신일도(精神一到)의 일념으로 마음을 다해 상대방에게 집중하는 것이다. 조신영 씨가 쓴 「경청」이란 책에 보면 '이청득심'(以聽得心)이란 말이 나온다. '귀를 기울여 들을 수 있다면 사람의 마음까지도 얻을 수 있다'라는 말이다. 하나님께서 인간에게 귀 두 개, 입 한 개를 주신 이유는 듣기는 속히 하고, 말하기는 더디 하라고 주신 것으로 보인다. 이것이 창조의 원리요, 인간이 살아가는 방식이다. 그런데 안타깝게도 인류는 타락 이후에 타인의 말을 잘 듣지 않는다. 오히려 자기 말을 하지 못해 안달하고 있다. 그래서 모든 문제가 생기고 관계가 깨지는 것이다.

우리는 대개 타인이 말하고 있을 때 자기 말할 것을 속으로 준비하고 있고, 심지어 말이 끝나기도 전에 상대의 말을 끊고 자기 말을 던진다. 대화가 되지 않는 것은 말을 못 해서가 아니라 듣지 않기 때문이다. 신학자 폴 틸리히는 "사랑의 첫째 의무는 듣는 것이다"라고 말한다. 부부간에도 서로 들어주어야 한다. 배우자가 들어주지 않으니 아내가 마음이 답답하여 속병이 생겨 상담가를 찾아간다. 상담이란 상대의 말을 경청해 주고 돈을 받는 것이다. 물론 경청해 주는 것은 엄청난 에너지가 소모되는 일이기 때문에 상담은 전문적 지식과 훈련을 쌓아야 하는 직업이다. 하지만 경청은 상담가의 전유물이 아니라, 모든 사람의 삶의 기술이 되어야 마땅하다. 상담가가 경청해 주면 내담자는 자신의 마음을 다 털어놓고는 나중에 속히 후련하여 돌아가곤 한다. 우리는 아이들의 말도 경청해 주어야 한다. 경청해 주지 않으니 아이들이 고함을 치고, 이상 행동을 하고, 관계의 문을 닫아 버리고, 대화는 이루어지지 않는다. 헨리 나우웬은 "예수님은 온몸이 귀였다"고 말한다. 공생애 기간이든, 천상보좌에 즉위하신 지금이든, 예수님은 그 많은 사람의 기도와 간구를 들어주시고 살펴주신다.

듣는 것이 참 중요하다. 그러기에 예수님께서도 "들을 귀 있는 자는 들으라"라고 말씀하시거나 "들을 귀가 있는 것도 복이다"라고 하신 것이다. 선지자 사무엘은 주님의 말씀을 어긴 사울 왕을 향해 "순종이 제사보다 낫고 듣는 것이 숫양의 기름보다 나으니"

(삼상 15:22)라고 선언했다. 제사를 드릴 때 얼마나 귀하고 많은 희생제물을 드리느냐 하는 문제보다, 들려진 주님의 말씀에 얼마나 순종하려는 자세가 있느냐가 더 중요하다는 말씀이다. 이것은 마치 부모님에게 물질로 봉양은 하지만 부모님의 뜻은 살피지 않는 자식들에 대한 경계의 말씀과 일맥상통한다. 용돈 몇 푼 드리는 것보다 부모님의 말씀을 진지하게 들어드리는 것이 더 큰 효도다. 말씀 대접을 하는 것이다. 제대로 듣지 못하고 말을 한다면, 사람은 시험에 들거나 유혹에 빠질 수 있다. "네가 말이 조급한 사람을 보느냐 그보다 미련한 자에게 오히려 희망이 있느니라"(잠 29:20). 그런 사람은 남이 말할 때 끝까지 들어주지 못하고 자기 말할 것만 준비한다. 그래서 말이 일방적이다. 아라비아 속담에 "듣고 있으면 내가 이득을 얻고 말하고 있으면 남이 이득을 얻는다"는 말이 있다. 요즘 정치하는 사람들을 보면 말에 조급한 사람들이 많다. 행동으로 보여 주면 그만일 텐데 말부터 쏟아낸다. 게다가 그 말도 좋은 말이 아니라 극단적인 말을 한다. 말의 품위가 떨어진 만큼 그 정치가의 인격의 품격도 떨어지고, 나아가 국격도 떨어진다. 말에도 온도가 있다고 한다. 차가운 말보다는 포근한 말을 해야 마음이 따뜻해진다.

게다가 성내는 것도 더디 해야 한다. 성내는 말은 너무 뜨거운 말이다. 요즘 '분노 조절 장애'가 사회적 화두가 되고 있다. 분노 조절 장애로 수치와 범죄를 일으키는 사람들이 많다. 어릴 적부터 잘 경청하고, 생각을 깊이 하고, 화가 났을 때 즉각 반응하는 것이 아니라 하루쯤 묵혔다가 대처하면 분노 조절 장애는 일어나지 않을 것이다. 요즘 사람들은 그 자리에서 참지 못하여 감정적인 폭발을 하고, 나중에 후회하며 논란이 된 뒤에 수습하기 위해서 애를 쓰는 어리석음을 범하고 있다. 성급하게 분노하는 자는 고통과 수치를 자초하는 자다. "유순한 대답은 분노를 쉬게 하여도 과격한 말은 노를 격동하느니라"(잠 15:1).

지금까지 우리는 19절을 그 말씀 자체로 해석했지만, 앞의 문맥과 함께 살펴볼 때는 다른 의미도 발견하게 된다. 18절에서 말하기를 하나님은 "진리의 말씀"으로 우리를 낳으셨다고 했다. 우리는 말씀으로 생명을 얻었다. 우리가 하나님의 백성이요 하나님의 자녀로 거듭난 것은 "진리의 말씀"이 선포될 때에 우리가 '잘 들었기' 때문이다. '잘 들었다'는 것은 들음과 믿음과 행함이 연쇄반응을 잘했다는 것이다. 진리의 말씀을 '들음'이 우리에게 '믿음'을, 믿음이 우리에게 합당한 '행함'을 가져온 것이다. 이것이야말로 '듣기를 속히 한 것'이다. 잘 듣는다는 것은 행함에까지 이르는 것이다. 바울이 말씀을 전파할 때 유대인들은 그 복음에 대해 토를 달고, 이의를 제기하고, 거역했다. 반면 택함 받은 자들은 유대인이든 이방인이든 그 말씀을 사람의 말이 아니라 하나님의 말씀으로 알고, 그것에 토를 절대 달지 않고, 마음에 새겨들으면서 나아간 것이다.

이신칭의(以信稱義) 즉 '믿음으로써 의롭다 함을 얻는다'는 교리의 사역자 바울은 구원에 있어서 믿음의 요소를 강조한다. '오직 믿음'을 말한다. "그러므로 믿음은 들음에서 나며 들음은 그리스도의 말씀으로 말미암았느니라"(롬 10:17). 사역자는 그리스도의 말씀을 잘 분별하여 성령의 능력과 역사 안에서 잘 전파해야 하며, 전도대상자가 그 말씀을 잘 들으면 믿음이 생겨난다는 의미다. 그리스도의 말씀 → 들음 → 믿음. 바울은 구원의 요체로서 믿음을 강조했기에 믿음에서 멈추었지만, 야고보는 참된 믿음은 행함에까지 이르러야 한다고 하면서 구원의 온전한 과정을 밝혀 준다. 말씀→ 들음 → 믿음 → 행함. 듣는 것도 중요하지만 단순히 듣고 믿는 데에서 끝나서는 안 된다. 들은 말씀은 행동으로 이어져야 한다. 진리의 말씀을 잘 들을 때 믿음이 생기고, 그 믿음을 시인할 때 행함이 뒤따른다. 만약 말씀을 들음으로 생긴 믿음이 행함으로 이어지지 않으면 자기기만에 빠진다. 행함까지 도달하기 위해서는 기도와 성령의 역사가 필요하다. 말씀을 자신에게 내면화하고 행함으로 표출되는 과정 없이 말로만 표현되는 것은 바람직하지 않다. 하나님은 진리의 말씀을 주셨다. 이 말씀은 귀를 즐겁게 하기 위해 들려주시는 것이 아니다. 남을 판단하라고 주신 것도 아니다. 나에게 듣고 믿고 행하라고 주신 말씀이다. 그런데 우리는 설교를 들을 때에 영적으로 교만해져서 마음속에서는 그 말씀으로 다른 사람을 판단한다. 현실 속에서는 자신에게 적용하고 실천하는 대신 다른 사람을 판단하고 정죄하는 데 인용한다. 자기를 정당화하거나 변호하고 자기의 의를 드러내는 데에 사용하기도 한다. 이는 말씀을 토하는 것과 같다. 먼저 말씀이 자기 안에서 자라게 해야 한다. 자기에게 먼저 적용해야 한다.

19절 말미에 "성내기도 더디 하라"고 했는데, 야고보는 20절에서 그 이유를 제시한다. "사람이 성내는 것이 하나님의 의를 이루지 못함이라"(약 1:20). '하나님의 의'의 상대어는 '사람의 의'다. 하나님의 의는 절대적이고 사람의 의는 상대적이다. 사람이 분을 내는 것 중에 의분(義憤)이 있다. 의로운 분노라는 것이다. 한 부자가 자기 양을 아낀 나머지 암양 새끼 한 마리를 키우는 농부의 양을 빼앗아 자기 손님을 대접했다는 나단의 이야기를 듣고, 다윗은 의분을 일으킨다. "다윗이 그 사람으로 말미암아 노하여 나단에게 이르되 여호와의 살아 계심을 두고 맹세하노니 이 일을 행한 그 사람은 마땅히 죽을 자라 그가 불쌍히 여기지 아니하고 이런 일을 행하였으니 그 양 새끼를 네 배나 갚아 주어야 하리라 한지라"(삼하 12:5-6). 사람의 의로운 분노는 불의와 타협하지 않고 죄악에 맞서는 용기다. 다윗은 의분으로써 사실상 부자보다도 더 악한 자기 자신을 정죄했다. 예수님께서도 의분을 발하신 적이 있는데, 성전 안에 소와 양과 비둘기를 파는 사람들과 돈 바꾸는 사람들이 앉아 있는 것을 보시고 노끈으로 채찍을 만드사 양이나 소를 다 성전에서 내쫓으시고 돈 바꾸는 사람들의 돈을 쏟으시며 상을 엎으셨다. 이를 통해 예수님은 성부 하나님께서 더 이상 의식적인 유대 종교, 희생 제물 중심의 성전 종교를 용납하지 않으시고 예수 그리스도 안에서 영과 진리로 드리는 예배를 받으실 것임을 미리 보여 주셨다. 예수님은 의분으로 옛 종교인 유대 종교에 대한 강력한 반대를 표명하신 것이다.

이처럼 의분은 순기능을 하기도 한다. 이 세상에서 벌어진 불의에 대해서 강력한 거부감을 드러내고, 하나님의 우주적인 도덕적 질서를 확인하고 회복하는 데 일조할 수 있다. 하지만 그런 의분조차도 부패하여 하나님의 의를 이루지 못하는 때가 더 많다. 처음에는 의분으로 시작해도 결국은 하나님의 의를 드러내기보다 자기의 의에 빠진다. 그리고 결국 의분으로 시작한 사람들이 악의 주체가 되는 경우도 많다. 사람이 분을 내면 자신은 공의로운 것처럼 보일지라도 궁극적으로 그것이 하나님의 공의를 초래하지 못한다. 하나님의 공의로운 성품을 반영하지도 못하고 하나님이 공의라고 인정할 만한 것도 없게 된다. 그러므로 의분도 속히 해소해야 한다. 의분이 아닌 분노는 더 말해 무엇하겠는가? 분노를 발한다는 것은 결국 공동체의 다른 형제자매를 증오하고 미워하는 것이다. 사랑하고 용서해야 할 상대에게 분을 발하는 것은 곧 공동체를 깨뜨리는 행위에 불과하다. 예수님의 산상수훈 말씀처럼 칼과 창으로만 살인하는 것이 아니라, 미워하고 증오하고 독한 말을 하고 얼굴을 찌푸리는 것으로도 얼마든지 살인하는 것이 될 수 있다. 성내는 행위는 하나님의 사랑의 계명을 어기는 행위다.

성내는 문제에 있어서 주의해야 할 것은 하나님을 향해서 화를 내는 것이다. 절대 그런 일이 없어야 한다. 하나님을 원망하거나 불평해서도 안 된다. 이사야가 살던 때에 하나님은 불순종하는 이스라엘 백성을 돌이키기 위해서 여러 가지 환난을 주셨다. 그때 백성들은 하나님을 향해 저주하고 분내지 말고 오히려 선지자를 통해 주시는 말씀을 온유함으로 경청했어야 했다. 하지만 그렇지 못했기 때문에 이스라엘은 망하고 말았다. "이 땅으로 헤매며 곤고하며 굶주릴 것이라 그가 굶주릴 때에 격분하여 자기의 왕과 자기의 하나님을 저주할 것이며 위를 쳐다보거나 땅을 굽어보아도 환난과 흑암과 고통의 흑암뿐이리니 그들이 심한 흑암 가운데로 쫓겨 들어가리라"(사 8:21-22). 욥의 부인이 "당신이 그래도 자기의 온전함을 굳게 지키느냐 하나님을 욕하고 죽으라"(욥 2:9)고 말할 정도의 극단적 상황에 처해도, 욥처럼 하나님께 온순해야 한다. "우리가 하나님께 복을 받았은즉 화도 받지 아니하겠느냐 하고 이 모든 일에 욥이 입술로 범죄하지 아니하니라"(욥 2:10).

신앙생활은 하나님의 의를 이루는 생활인데, 성냄은 그것이 누구를 향하든지 그것을 방해하게 된다. 하나님의 위대한 종이요, 온유함이 지면의 모든 사람보다 더하다고 평가받는 모세도 자기 직분을 수행함에 있어서 백성들의 불신앙에 대해 의분으로 대응하다가 낭패를 보았다. "우리가 너희를 위하여 이 반석에서 물을 내랴 하고 모세가 그의 손을 들어 그의 지팡이로 반석을 두 번 치니 물이 많이 솟아나오므로 회중과 그들의 짐승이 마시니라"(민 20:10-11). 물은 나왔지만 지팡이로 반석을 치는 과정에서 혈기를 부린 모양이다. 이에 대해서 하나님은 징벌을 말씀하셨다. "여호와께서 모세와 아론에게 이르시되 너희가 나를 믿지 아니하고 이스라엘 자손의 목전에서 내 거룩함을 나타내지 아니한 고로 너희는 이 회중을 내가 그들에게 준 땅으로 인도하여 들이지 못하리라 하시니라"(민 20:12). 아무리 의분이라도 성내는 것은 하나님의 거룩함을 드러내지 못하는 일이라는 말씀이다.

이제 야고보는 하나님의 말씀을 잘 '듣는다는 것'은 말씀을 '온유함으로 받는 것'임을 보여 준다. "그러므로 모든 더러운 것과 넘치는 악을 내버리고 너희 영혼을 능히 구원할 바 마음에 심어진 말씀을 온유함으로 받으라"(약 1:21). 잘 듣는다는 것은 마음속에 있는 더러운 것과 넘치는 악을 버리는 것을 의미한다. 잔이 가득 차면 새로운 것을 받아들이지 못하기 때문이다. 그리고 마음을 비우고 외부에서 주시는 하나님의 말씀을 온유함으로 받아들이는 것이다. 하나님은 전능자이시기 때문에 우리 마음이 아무리 완악하다고 해도 강제로 개방하여 임재하실 수 있다. 하지만 하나님은 인격적이기 때문에 마음의 문을 부수시지 않고 우리가 스스로 문을 열고 영접하기를 원하신다. 마음의 문 밖에 서서 문을 두드리시는 것이다(계 3:20). 따라서 우리는 하나님의 말씀을 온유함으로 받아들여야 한다. 온유함으로 받아들여야 '씨 뿌리는 비유'에서 말하는 옥토가 되어 100배, 60배, 30배의 결실을 맺게 된다. 온유한 심령으로, 즉 기쁨과 순전한 마음으로 말씀을 받을 때, 큰 역사가 일어나게 되고 그것이 우리의 영혼을 능히 구원할 수 있다.

이제 들음은 행함으로 나아가야 한다. "너희는 말씀을 행하는 자가 되고 듣기만 하여 자신을 속이는 자가 되지 말라"(약 1:22). 자기가 좋은 말씀을 들었다고 좋은 사람이 되는 것은 아니다. 자기가 좋은 생각을 했다고 좋은 사람이 되는 것이 아니다. 자기가 좋은 말을 했다고 좋은 사람이 되는 것이 아니다. 자기가 귀한 진리를 깨달았다고 성인이 되는 것이 아니다. 이것은 자신을 속이는 것, 즉 자기기만이요 자기도취다. 신자들이 얼마나 자주 좋은 말씀을 읽고 듣고 말하는가? 그러나 그렇다고 온전하게 되는 것은 아니다. 그렇게 생각하고 듣고 깨달은 것을 몸소 실천하고 행할 때 자기가 변화되는 것이다. 이와 관련해서 우리는 예수님의 산상수훈의 마지막 결론인 '집 짓는 사람의 비유'(마 7:24-27)를 생각해 볼 수 있다. 반석 위에 집을 짓는 사람은 지혜로운 사람으로서 비가 내리고 창수가 나고 바람이 불어 그 집에 부딪혀도 무너지지 않는다. 모래 위에 집을 지은 사람은 어리석은 자로서, 비가 내리고 창수가 나고 바람이 불어 부딪히면 무너지되 크게 무너진다. 신자가 아닌 사람은 주님의 말씀을 아예 듣지도 않을 터이니 제외하고, 예수님 앞에서 공통적으로 말씀을 듣는 신자 가운데서도 '행하는 자'와 '행하지 않는 자'가 구별된다. 들은 말씀을 '행하느냐', '행하지 않느냐'에 따라 운명이 달라진다.

듣고도 행하지 않는 자는 마치 거울을 보는 사람과 같아서 제 자신을 보고 가서 그 모습이 어떠했는지를 곧 잊어버리는 자다. 당시에 거울은 아주 귀했고 주로 청동을 사용했다. 오늘날의 유리거울처럼 깨끗한 반영을 제공하는 것은 아니지만, 자신의 얼굴을 비추어 잘못된 부분을 보여 주기에는 충분했다. 거울을 보는 목적은 자기 얼굴의 매무새를 고치기 위함인데, 만약 거울을 보고 나서도 잘못된 부분을 고치지 않는다면 거울을 보는 보람이 없는 것이다. 이처럼 우리도 말씀을 들으면 즉시 자신을 반성하고 그 말씀에 맞추도록 실행해야 한다. 하나님의 말씀은 우리의 삶을 비추어 주는 거울이다. 고칠 것을 고치고, 행해야 할 것은 하고, 순종해야 할 것은 순종해야 한다. 말씀은 우리의 몸을 입고 싶어 한다. 말씀이 육화(embodiment)되어야 한다. 그래야 살아 있는 말씀이 된다. 말씀을 실천할 때 말씀에 약속되어 있는 복이 임한다. 지금은 그 어느 때보다 좋은 설교들이 넘쳐나고 있지만, 세상은 변화되지 않고, 상처받고 소외되고, 어려운 이웃들은 늘어나고, 종교 활동은 열심히 하는데도 참된 신앙인을 찾기가 힘들다. 야고보의 비유처럼 거울을 보고 잊어버리는 자들이 많기 때문이다. 반면 "자유롭게 하는 온전한 율법을 들여다보고 있는 자는 듣고 잊어버리는 자가 아니요 실천하는 자니 이 사람은 그 행하는 일에 복을 받으리라"(약 1:25). 복음을 "자유롭게 하는 온전한 율법"이라고 표현한 것은 야고보가 태생이 유대인이요 유대교 교육을 받은 자라는 점을 감안해야 한다. 유대인에게 "율법"은 '살아 있는 하나님의 말씀과 뜻'으로 존중되었기 때문이다. 율법과 복음의 연속성을 인정하면서 복음을 "자유롭게 하는 온전한 율법"이라고 표현한 것은 바로 예수님이 산상수훈에서 해설하신 율법이다. 복음은 사람을 죄와 사망에서 해방하고 자유를 주는 율법이 된다. 여하튼 복음을 듣고 행하는 자는 복이 있는 자다. "그 행하는 일에 복을 받으리라"고 했는데 이것을 한자로 굳이 표현하자면 행복(行福)이 된다.

야보고가 보기에, 행함으로 받는 행복(行福)이야말로 진정한 행복(幸福)이다. 바울이 로마서에서 말한 바와 같이 일한 것이 없이 오직 믿음으로만 받는 행복(幸福)(롬 4:6)도 중요하지만, 들은 것을 행함으로 받는 복도 하나님의 큰 은혜라는 것을 인식해야 한다. 시쳇말로 하늘은 스스로 돕는 자를 돕는다.

'들음'이 '행함'으로까지 나아가는 것이 '진정한 들음'이라고 말한 야고보는 몇 가지 예를 제시한다. 야고보는 '경건'이라는 키워드를 들어 어떻게 행해야 하는지를 말한다. 사실 경건은 모든 신앙인의 목표인데, 성결이라고도 할 수 있다. 경건을 위해서 신앙인들은 열심히 종교 행위를 수행한다. 신학대학에서는 신학생들에게 경건을 훈련시키기 위해서 새벽기도, 예배 참석, 묵상 훈련, 전도 훈련 등을 시키고 점수를 매겨 합격 여부를 판별한다. 하지만 야고보가 말하는 경건의 내용은 다르다. "누구든지 스스로 경건하다 생각하며 자기 혀를 재갈 물리지 아니하고 자기 마음을 속이면 이 사람의 경건은 헛것이라 하나님 아버지 앞에서 정결하고 더러움이 없는 경건은 곧 고아와 과부를 그 환난중에 돌보고 또 자기를 지켜 세속에 물들지 아니하는 그것이니라"(약 1:26-27).

야고보의 경건은 종교행위나 외식적인 경건이 아니다. 경건은 실천이고 절제다. 경건을 말과 구제 그리고 자기 절제로 설명한다. 첫째, 참된 경건은 자기 혀를 재갈 물리는 것이다. 말조심하라는 것이다. 신자가 언어를 완벽하게 통제해야지, 말이 자기 의지와 상관없이 따로 움직이면 안 된다는 것이다. 훈련받지 않은 망아지처럼 날뛰게 하지 말라는 것이다. 참된 경건은 언어를 절제하고 헛된 말을 하지 않는 것이다. 둘째, 구제하는 것이다. 평상시 고아나 과부나 가난한 사람을 대함에 있어서 그들을 긍휼히 여기고 그들을 돌보고 돕는 것이다. 이것이야말로 하나님 앞에서 정결하고 더러움이 없는 경건이다. 마태복음 25장에서 예수님은 최후의 심판 때의 일을 양과 염소의 비유로 말씀하셨다. 양은 평상시 가난한 자를 돌본 자다. 염소는 그들이 작은 자라고 해서 무시하고 돕지 않았던 자들이다. 결과적으로 양은 주님의 인정을 받았고 염소는 버림받았다. 셋째, 세속에 물들지 않는 것이다. 물든다는 것은 오염되는 것이다. 세속에 물든다는 것은 세상의 풍조대로, 세상의 가치대로, 세상의 원리대로, 세상의 방향대로 덩달아 나아가는 것을 의미한다. 그러면 반드시 시험에 빠지게 될 것이다. 경건한 자는 세상이 추구하는 대로 살아가지 않는다. 세상 사람들과 다르게 살아가는 것이다. 때로는 세상 흐름에 역행하기 때문에 세상으로부터 고통받고 따돌림받을 수 있지만 괘념하지 않고 주의 길을 걸어가는 것이다. 세상이 이상히 여김을 개의치 않고 나아가는 것이다. 신앙인들은 대화와 관심사와 행동에서 세상과 다름을 행함으로 입증해야 한다. 세상의 시류에 편승하지 않고 길을 걸어가는 것이다. 이 말씀 앞에 우리는 스스로 '언어 사용이 적절했나?', '작은 자들을 잘 돌보고 보살폈나?', '세상의 시류에 편승하지 않았나?' 자문해 보아야 한다. 우리가 세상에서 성취해야 할 삶과 성결은 바로 이런 것이다. 이런 삶을 통해 세상 속에서 내 믿음이 증명되는 것이다. 이런 삶을 통해 내가 들은 말씀이 무엇이었는지를 주변 사람에게 밝히 드러내는 것이다. 하나님의 말씀을 잘 들으시기 바란다. 들은 말씀을 삶을 통해 실천하시기 바란다. 청행일치! 그 행함을 통해 모든 일에 복을 받으시기 바란다.

강의 영상

4
차별 금지

1내 형제들아 영광의 주 곧 우리 주 예수 그리스도에 대한 믿음을 너희가 가
졌으니 사람을 차별하여 대하지 말라 2만일 너희 회당에 금 가락지를 끼고 아
름다운 옷을 입은 사람이 들어오고 또 남루한 옷을 입은 가난한 사람이 들어
올 때에 3너희가 아름다운 옷을 입은 자를 눈여겨 보고 말하되 여기 좋은 자
리에 앉으소서 하고 또 가난한 자에게 말하되 너는 거기 서 있든지 내 발등상
아래에 앉으라 하면 4너희끼리 서로 차별하며 악한 생각으로 판단하는 자가
되는 것이 아니냐 5내 사랑하는 형제들아 들을지어다 하나님이 세상에서 가
난한 자를 택하사 믿음에 부요하게 하시고 또 자기를 사랑하는 자들에게 약
속하신 나라를 상속으로 받게 하지 아니하셨느냐 6너희는 도리어 가난한 자
를 업신여겼도다 부자는 너희를 억압하며 법정으로 끌고 가지 아니하느냐
7그들은 너희에게 대하여 일컫는 바 그 아름다운 이름을 비방하지 아니하느
냐 8너희가 만일 성경에 기록된 대로 네 이웃 사랑하기를 네 몸과 같이 하라
하신 최고의 법을 지키면 잘하는 것이거니와 9만일 너희가 사람을 차별하여
대하면 죄를 짓는 것이니 율법이 너희를 범법자로 정죄하리라 10누구든지 온
율법을 지키다가 그 하나를 범하면 모두 범한 자가 되나니 11간음하지 말라
하신 이가 또한 살인하지 말라 하셨은즉 네가 비록 간음하지 아니하여도 살
인하면 율법을 범한 자가 되느니라 12너희는 자유의 율법대로 심판 받을 자처
럼 말도 하고 행하기도 하라 13긍휼을 행하지 아니하는 자에게는 긍휼 없는
심판이 있으리라 긍휼은 심판을 이기고 자랑하느니라 약 2:1-13

주일 어느 교회에서 찬송 소리가 들렸다. 지나가던 흑인 한 사람이 찬송 소리를 듣고 예배당에 들어가 함께 예배드리려고 했다.

그러나 흑인이라는 이유로 안내위원에 의해 교회에서 문전박대를 당하고 말았다. 그 교회는 백인만 다니는 교회였다. 흑인이 교회에서 쫓겨난 채 교회 계단에서 울고 있을 때 주님이 기도 중에 말을 걸어 오셨다. "왜 우느냐?" "교회에 들어가지 못해 울고 있습니다." "울지 마라. 나도 이런 교회에 들어갈 수 없단다." 차별 대우하는 곳에는 예수님도 존재하실 수 없다.

야고보는 예수 그리스도를 믿는 신자 가운데는 차별 대우가 없어야 한다고 말하고 있다. 믿음과 차별이 대척점에 서 있다. 믿음과 차별은 양립불가다. "내 형제들아 영광의 주 곧 우리 주 예수 그리스도에 대한 **믿음**을 너희가 가졌으니 사람을 **차별**하여 대하지 말라"(약 2:1). 저자 야고보는 혈육으로 말하자면 예수님의 형제다. 하지만 그는 예수 그리스도를 '형님'이 아니라 '주님'이라고 부르면서 자신을 지극히 낮춘다. 왜냐하면 예수님 공생애 기간에는 불신자였다가 부활 승천하신 뒤에야 비로소 믿음을 가졌기 때문이다. 그런 야고보는 예수 그리스도를 믿는 신자와 차별은 함께 할 수 없는 것이라고 말한다. 신자의 사전에 차별 대우는 없어야 한다. 믿음과 차별은 상호 배척하는 개념이다. 믿음 있는 자는 차별하지 않고, 차별하는 자는 믿음이 없는 자다. 차별 대우를 하는 사람에게 과연 진실한 믿음이 있다고 할 수 있을까? 어디에서나 차별 대우와 편애는 공동체를 파괴하고 비극을 불러온다. 이삭의 가정에서도 편애 때문에 문제가 생겼다. 이삭은 에서를 편애하고, 리브가는 야곱을 편애했다. 그 결과 장자권을 놓고도 편 가르기가 생겼다. 야곱은 12명의 아들 중 요셉을 지극히 편애했다. 그 결과 형제들의 질투와 시기 아래 요셉이 종으로 팔려가게 되었다. 모두 부모의 차별 대우 때문에 생긴 일이다.

왜 이 세상은 사람을 차별하고 판단하는 것일까? 심지어 교회 안에서조차 왜 차별이 생기는 것일까? 이유를 세 가지 정도로 살펴볼 수 있다. 첫 번째는 외모로 사람을 취하기 때문이다. 사람들은 타인의 내면을 볼 수 없고 오직 외면만을 볼 수 있기 때문에 외모를 바탕으로 해서 판단을 내리는 것은 인간의 연약성 및 제한성과 연관이 있다. 심지어 첫인상이 상대 이미지 판단에 있어서 80%를 차지한다는 연구보고도 있다. 하지만 우리는 상대를 자세히 알기 전에 속단하고 판단하면 큰 실수를 범할 수 있음을 알아야 한다. 외모를 바탕으로 판단하는 것은 위대한 선지자 사무엘도 피하지 못한 실수였다. 사울 왕이 하나님으로부터 버림을 받은 뒤에, 사무엘은 기름 뿔 병을 가지고 베들레헴 이새에게 가서 그의 아들들을 품평했다. 왕재(王才)를 찾아내려는 것이었다. 장자 엘리압이 그의 앞에 나오자 사무엘은 바로 이 사람이 기름을 부을 차기 왕이라고 생각했다. 하지만 여호와께서 그 생각을 중단시키셨다. "여호와께서 사무엘에게 이르시되 그의 용모와 키를 보지 말라 내가 이미 그를 버렸노라 내가 보는 것은 사람과 같지 아니하니 사람은 외모를 보거니와 나 여호와는 중심을 보느니라 하시더라"(삼상 16:7). 사람이 보는 것과 하나님이 보는 것이 달랐다. 엘리압이 키도 훤칠하고 미남자에 능력자처럼 보였지만 그는 하나님이 선택하신 왕이 아니었다.

세상 사람은 보이는 것만 본다. 하지만 믿는 자들은 그 사람 안에 있는 하나님의 형상을 보아야 한다. 믿음의 관점에서 상대를 본다면 누구나 다 존귀하고 아름답고 거룩한 자로 인식하게 될 것이다. 하지만 세상은 기독교적 가치관이 아닌, 눈에 보이는 것만 가지고 판단하기 때문에 외모 지상주의(lookism)에 빠져들어 간다. 겉으로 보이는 것만 꾸미고 내면은 잘 가꾸지 않는다. 한국은 외모 지상주의에서 둘째라면 서러워할 정도다. 한국의 발전된 산업 중에 성형 업이 있다. 많은 외국인이 우리나라에서 성형수술을 받기 위해 의료관광을 올 정도다. 되고 싶은 표준 외모가 연예인이기 때문에 그 결과 모두 비슷비슷해지기도 한다. 창조주는 우리 각자를 독특한 외모를 지닌 특별한 개체로 지으셨는데, 인간은 외모를 표준화 및 획일화시켜 버린다. 한국은 성형수술의 실력이 좋아서 출국 심사대에서 문제가 생기기도 한다. 입국할 때의 모습과 출국할 때의 모습이 많이 달라져 있기 때문이다. 여권에 찍힌 모습과 실제 모습이 너무 차이가 생긴 것이다. 정말 믿기지 않는 재미있는 이야기다. 하지만 외모만 보면 실수하기 쉽다. 외모가 잠시 동안은 통할지 몰라도 진정한 인간관계는 진심 어린 교제와 속사람으로 결정되기 때문이다. 외모가 아무리 그럴듯해도 속사람이 받쳐 주지 않는다면 그에 대한 좋은 평가는 오래가지 못한다. 우리는 속사람, 즉 중심을 가꾸어야 하며, 타인의 중심을 보려는 노력을 게을리해서는 안 된다.

두 번째는 가진 것으로 평가하기 때문이다. 세상이 사람을 대하는 태도는 '그가 얼마나 많은 재산을 갖고 있는가, 얼마나 높은 학식을 갖고 있는가, 얼마나 큰 권력을 갖고 있는가, 그의 지위가 얼마나 높은가'로 결정된다. 이것이 바로 세상적인 기준이다. 그래서 사람들은 스펙을 쌓기 위해서 불철주야 노력한다. 많은 스펙을 통해 '내가 이만큼 가지고 있다'는 것을 드러낸다. 그렇지 않다면 세상으로부터 차별을 당하기 때문이다. 그러나 믿는 자는 세상 기준이 아니라 하나님의 기준, 하나님의 나라 기준으로 봐야 한다. 교회는 "하늘 아버지기 오라 하시니 어느 누구나 오라"(새찬송 520장)고 해야 한다. 그리고 오히려 세상에서 대우받지 못한 사람들이 교회에서 사람다운 대접을 받을 수 있어야 한다. 교회조차도 세상 가치관에 영향을 받는다면 더 이상 교회일 수가 없다.

세 번째는 긍휼히 여기지 않기 때문이다. 가난한 자, 장애자, 난민, 외국 이주자 등은 더 큰 보살핌을 받아야 한다. 긍휼의 마음으로 대해 줘야 한다. 특별히 공동체에서 허드렛일하는 사람은 더 큰 존중을 받아야 한다. 바울은 교회론을 전개하면서 교회는 그리스도의 몸으로서 많은 지체가 있다고 했다. 아름다운 지체는 더 큰 영광을 받을 필요가 없지만, 연약한 지체나 아름답지 못한 지체는 더욱 귀한 것들, 더욱 아름다운 것들을 얻게 하신다. 이처럼 하나님께서 몸을 고르게 하여 부족한 지체에게 존귀를 더하셔서 몸 가운데 분쟁이 없고 여러 지체가 서로 같이 돌보게 하셨다고 했다(고전 12:23-25). 하지만 현실 세계에서는 긍휼의 대상이 긍휼을 받지 못하고 도리어 냉정하고 매정한 대우를 받는다. 차별 대우의 직접적인 희생자가 된다. 교회는 이런 문화를 바꾸고, 솔선수범해서 모범적인 공동체의 모습을 보여 줘야 한다.

김제에는 'ㄱ자형 교회'로 알려진 금산교회가 있는데 여기에 아름다운 이야기가 전해져 내려오고 있다. 이 교회를 세운 조덕삼 장로와 이자익 목사의 이야기다. 이자익은 1882년 경남 남해의 가난한 농가에서 태어났다. 어린 나이에 부모를 잃고 친척 집을 떠돌며 행상으로 근근이 살아가던 소년이었다. 이자익이 김제시 대지주 조덕삼 씨를 만난 것은 17세 되던 해였다. 조 씨는 자신의 집에서 마부(馬夫)로 일하며 틈틈이 어깨너머로 한글과 한자 공부를 하는 이 씨의 성실함을 눈여겨봤다. 이들 사이의 인연이 더욱더 끈끈해진 것은 미국 남장로교 테이트(Lewis Boyd Tate) 선교사를 만나면서부터다. 1905년 10월 11일 선교사를 통해 집주인 조덕삼과 머슴 이자익은 예수님을 믿고 세례를 받았다. 두 사람은 합심하여 1908년에 27평짜리 금산 ㄱ자 예배당을 세웠다. 소학교도 변변히 다니지 못한 머슴 이자익과 주인 조덕삼이 한날한시에 세례를 받고, 같이 성만찬에 참여하고, 같이 교회창립멤버가 되고, 같이 교회를 세웠던 것이다.

1907년 두 사람은 함께 교회의 영수(집사급 지도자)로 임명되었고, 교회를 건축하고 난 다음 해인 1909년에 장로를 선출하는 투표를 실시하게 되었다. 그때 교인들과 마을 사람들은 당연히 조덕삼 영수가 먼저 장로가 되리라고 생각했다. 그런데 결과는 너무

뜻밖이었다. 마을의 지주였던 조덕삼 영수를 제치고 그의 마부 이자익 영수가 장로로 추천된 것이다. 반상의 신분을 철저히 따지던 시대에 이것은 충격적인 사건이 아닐 수 없었다. 그러니 여기저기서 수군거리는 소리가 날 것은 뻔했다. 이에 조덕삼 영수는 그 자리에서 발언권을 얻고 교인들에게 인사를 했다. "이 결정은 하나님이 내리신 것입니다. 우리 금산교회 교인들은 참으로 훌륭한 일을 해냈습니다. 저희 집에서 일하고 있는 이자익 영수는 저보다 신앙의 열의가 대단합니다. 나는 교회의 결정에 순종하고, 이자익 장로를 받들어 열심히 교회를 섬기겠습니다." 이 말을 들은 금산교회 교인들은 조덕삼 영수에게 큰 박수를 보냈다.

실제로 조덕삼 영수는 약속대로 이자익 장로를 잘 섬겼다. 당시는 교역자들이 부족한 때라서 이자익 장로가 예배를 인도하고 설교하는 일이 많았다. 그때에도 조덕삼 영수는 앞자리에 앉아 겸손하게 예배하며 이자익 장로의 설교에 집중했다. 집에 돌아와서는 주인과 종의 관계로, 교회에 가서는 장로와 영수의 관계로 서로를 향한 자신들의 직분에 충성했다. 조덕삼은 자신보다 아홉 살이나 어리고, 자기 집의 종인 이자익을 평양신학교에서 신학을 공부할 수 있도록 돕고, 졸업한 후에 1915년 금산교회의 담임목사로 정중히 모셨다. 후에 이자익 목사는 조선야소교장로회 총회장을 세 번 역임했을 뿐 아니라, 장로교(통합) 노회장을 수차례 지냈으며, 20여 개 교회를 설립했다. 이처럼 기독교는 한국에 들어온 뒤 유교가 갖고 있던 것들을 철폐하는 데 일익을 담당했다. 신분 격차로 인한 차별, 빈부격차로 인한 차별 대우를 없애는 데 앞장섰다.

야고보는 예배를 드리러 오는 두 사람과 그에 대한 교인들의 반응을 묘사하고 있다. "만일 너희 회당에 금가락지를 끼고 아름다운 옷을 입은 사람이 들어오고 또 남루한 옷을 입은 가난한 사람이 들어올 때에 너희가 아름다운 옷을 입은 자를 눈여겨보고 말하되 여기 좋은 자리에 앉으소서 하고 또 가난한 자에게 말하되 너는 거기 서 있든지 내 발등상 아래에 앉으라 하면"(약 2:2-3). 참 흥미로운 광경이다. "회당"은 유대교의 예배 장소이기는 하지만, 교회 예배당이라고 보아도 무방할 것이다. 예배를 드리기 위해서 예배당을 찾아왔는데 차별을 받는다면 어떤 기분이 들겠는가? 야고보는 이야기를 지어내는 것이 아니라, 실제로 벌어지는 일을 묘사하고 있는 것이다. 초대교회 안에서도 차별이 존재하고 있었던 것이다. 한편으로 금가락지를 끼고 아름다운 옷을 입은 부유한 사람이 들어오고, 한편으로 누가 봐도 남루한 옷을 입은 가난한 사람이 들어온다. 당시 가난한 사람들이 대부분이었던 교회에 아름다운 옷을 입고 보석으로 장식한 부자가 온다는 것은 아주 특별한 일이었다. 이들은 역시 주목을 받았고 환영을 받았고 좋은 자리로 안내되었다. 반대로 더러운 옷을 입은 가난한 사람이 들어올 때는 별로 신경을 쓰지 않았다. "눈여겨본다"(3절)는 것은 어떤 사람을 선대하기 위해서 관심과 존경 어린 마음을 가지고 바라본다는 의미다. 그 결과 "여기 좋은 자리에 앉으소서"라고 말해 준다. 반면 가난한 사람에게는 "너는 거기 서 있든지 내 발등상 아래에 앉으라"라고 하면서 별로 신경도 쓰지 않고 무시한다. 이렇게 되면 부자는 교회에서도 교만하게 될 것이다. 어쩌면 그는 교회나 교인을 무시할지도 모른다. 그들은 사회에서도 항상 우대를 받았는데 교회에서도 동일한 대우를 받는다. 그리고 앞으로도 동일한 대우를 기대할 것이다. 반면 가난한 사람들은 교회도 세상과 별만 다르지 않다는 것을 느끼게 될 것이다. 그들은 교회에서 위로와 힘을 얻는 대신 상처를 받고 오히려 실족하게 될 것이다.

이런 교회는 세상 모임과 다를 바가 없다. 교회는 짠맛을 잃어버린 소금이 되어 버리고 만다. 교회 문화가 이런 식으로 흘러가게 된다면, 사람들은 하나님께 집중하기보다 남을 의식하고 외식적으로 꾸미기 위해 노력하게 될 것이다. 영과 진리로 예배드리는 것이 아니라 허위와 가식으로 예배드리게 될 것이다. 미국에서 유학도 하고 개척교회를 하는 동안에 알게 된 사실은, 미국인들은 겉모습만 봐서는 그가 어떤 사람인지 모를 때가 많다는 것이다. 그에게 얼마나 많은 재산과 지식과 지위가 있는지 외모로는 구분이 안 된다. 대부분 검소하게 다니기 때문이다. 관계가 진척돼야 비로소 그 사람이 어떤 사람인지 서서히 알게 된다. 하지만 우리나라의 문화는 허례허식 요소가 아직 많이 남아 있다. 옷과 액세서리와 신발과 차량과 거주지만 봐도 그가 어떤 사람임을 대충 짐작하게 된다. 현시 효과를 노리고 일부러 그렇게 꾸미고 다닌다. 그래야 사람대접을 받기 때문이다. 이런 세속 문화가 교회 안에 흘러들어오면 교회가 어떻게 되겠는가?

야고보는 이런 경향성에 대해서 따끔하게 책망한다. "너희끼리 서로 차별하며 악한 생각으로 판단하는 자가 되는 것이 아니냐"(약 2:4). 차별은 죄악이며 공동체 안의 심각한 문제임을 지적하고 있다. 사실 하나님 앞에서는 모두 다 소중한 존재다. 어린아이든 성인이든, 남자든 여자든, 가난한 자든 부요한 자든, 배운 자든 못 배운 자든, 신분이 낮은 자든 높은 자든, 장애인이든 비장애인이든 모두 소중하다. 열 손가락 깨물어 안 아픈 손가락이 없듯, 하나님께는 모두 존귀한 존재다. 그런데 재산 때문에, 권력 때문에, 지위 때문에 차별·대우한다는 것은 하나님을 대적하는 행위다. 세상에서 아무리 존귀한 자라고 해도 교회에서 특별대우를 기대해서는 안 된다. 기대하는 자는 아직 믿음이 무엇인지를 모르고 있는 영적 유아들이다. 오히려 자신을 낮추고 섬기는 자가 되어야 한다.

이전에 어떤 교회에서 공동목회를 한 적이 있다. 그 교회는 기업체의 회장이나 공직의 고위직에 계신 분들이 많은 교회였다. 그런 분들은 차량을 타고 교회 주차장에 접근해서는 창문을 내리고 차량 관리 위원 혹은 전도사를 부른다. "어이 전도사, 이리 와봐. 내 차를 좀 주차해 줘." 직접 들은 것은 아니고 전도사를 통해 들은 내용이기는 하지만, 충격적이다. 사회에서 그런 대접을 받기 때문에 교회에서도 당연히 그런 대접을 받을 자격이 된다고 생각한 것이다. 교회의 한 몸 의식과 형제의식이 부족한 것이다. 다른 이야기인데, 고급 호텔에 가면 발레파킹을 해준다. 그런데 비슷한 시점에 차량을 회수하기 위해 주차 대기실에 와 있는데도, 나보다 더 고급 승용차를 타고 온 사람의 차량은 늘 더 빨리 나온다는 것을 체험적으로 알게 되었다. 발레파킹하는 사람들조차도 묵시적으로 그런 차별 대우를 하고 있었던 것이다. 외제 차, 고급 차량을 타고 다니는 사람은 우대하는 것이다. 미국은 인종차별 논쟁이 시끄럽지만 우리나라도 만만치 않다. 외국인 노동자, 다문화 가정, 탈북자들에 대한 차별이 만연하다. 같은 인간인데, 하나님 앞에서 같은 인권을 지니고 있는데 이렇게 된다. 장애인들도 무수한 차별을 경험한다. 이런 차별 대우는 그들이 현재 감당하고 있는 어려운 장애 위에 또 다른 장애물을 가져다주는 행위다.

야고보는 하나님께서는 부유한 자가 아니라 가난한 자에게 더 우호적이라는 말을 한다. 가난한 자는 하나님의 호의(God's favor)를 입은 자다. "내 사랑하는 형제들아 들을지어다 하나님이 세상에서 가난한 자를 택하사 믿음에 부요하게 하시고 또 자기를 사랑하는 자들에게 약속하신 나라를 상속으로 받게 하지 아니하셨느냐"(약 2:5). 하나님이 사람을 대하시는 태도는 세상과 완전히 다르다. 세상에서는 부유한 자를 선택해서 대우하고 특혜를 주려 하지만, 하나님은 가난한 자를 선택하시고, 그들을 믿음에 부요하게 하시고, 하나님 나라를 상속하게 하신다. 가난한 자들이 하나님의 사랑과 약속의 대상이다. 하나님은 세상이 거부한 자들, 멸시하는 자들을 선택하신다. 세상의 재물은 부족하더라도 믿음에는 부요하게 하신다. 하나님은 세상에서는 상속받을 것이 없는 가난한 자에게 하나님 나라를 상속받게 하신다. 그러므로 가난한 자를 멸시하는 것은 그를 창조하신 하나님을 멸시하는 것과 같다. 하나님의 마음을 모르는 것과 진배없다.

누가는 마태복음의 팔복(八福)에 대비하여 사복사화(四福四禍)(눅 6:20-26)를 말한다. 그중에서 최초의 복은 "너희 가난한 자는 복이 있나니 하나님의 나라가 너희 것임이요"(눅 6:20)이다. 마태가 "심령이 가난한 자"라고 한 것을 누가는 의도적으로 '심령'을 빼고 '가난한 자'라고 단정 짓는다. 물질적으로 가난한 자가 복되다는 선언이다. 하나님의 우선적인 관심이 가난한 자에게 있고, 하나님 나라는 가난한 자들의 상태를 완전하게 변혁시킨다는 것이다. 영적인 원리가 그러하다면 가난한 자가 제일 환영받아야 할 곳은 다름 아닌 교회여야 한다. 가난한 사람이 교회에 와서 "내가 교회에 오니 이제야 사람대접을 받는구나"라는 말을 스스로 하게 해야 한다. '이것이 하나님 나라인가 보다'라고 생각하게 해야 한다. 가난한 자에 대한 하나님의 호의를 유념해야 한다. 가난한 자에게는 하나님의 나라가 그들의 문제를 완벽하게 해결해 줄 열쇠가 된다. 가난한 자는 세상을 의지하는 대신 오직 하나님만을 의지하기 때문이다. 하나님의 약속을 믿고 하나님의 신실함 아래서 살아가는 참 백성이 그들이다.

세상에서 부유한 자들은 어떤 행동을 보이는가? 그들은 대부분 가난한 자였던 교인들을 업신여기고 억압하고 법정으로 끌고 가고 비방하는 사람들이었다. "너희는 도리어 가난한 자를 업신여겼도다 부자는 너희를 억압하며 법정으로 끌고 가지 아니하느냐"

(약 2:6). 당시 부자들에 대한 부정적인 평가를 야고보는 지금 옮겨 적고 있다. 물론 그렇지 않은 정직한 부자도 있었을 것이다. 그러나 대부분의 부자들은 더 부유해지기 위해서 가난한 자나 약한 자들을 압박하고 재물을 강탈해 갔다. "그들은 너희에게 대하여 일컫는 바 그 아름다운 이름을 비방하지 아니하느냐"(약 2:7). 불의한 부자들은 "그 아름다운 이름" 즉 우리를 부르는 크리스천 혹은 하나님의 자녀라는 이름을 비방하는 사람들이다. 정직한 부자들은 교회에서 대우를 받지 못한다고 해도 기쁘게 섬길 자들이다.

교회가 사람들을 차별 대우하지 말아야 할 이유는 기독교의 최고 계명과도 연관이 있다. 차별 대우는 사랑의 계명을 깨뜨리는 중범죄 행위다. "너희가 만일 성경에 기록된 대로 네 이웃 사랑하기를 네 몸과 같이 하라 하신 최고의 법을 지키면 잘하는 것이거니와"(약 2:8). "최고의 법"은 원어로 '바실리코스 노모스' 즉 '왕적인 법'이라는 의미다. 오늘날로 보자면 헌법에 해당하는 것인데, 모든 법령과 규칙은 헌법의 통제를 받아야 한다. 헌법에 위배되는 것은 모두 폐지되거나 개정되어야 한다. 그만큼 헌법은 모든 법 가운데 가장 강력한 법이다. '사랑의 계명'은 기독교인에게 있어 최고의 헌법이요 온전한 법인데, 어떤 이유로든 차별 대우는 이 최고의 법을 깨뜨리는 행위가 된다. "네 이웃 사랑하기를 네 몸과 같이 하라"는 것은 너와 이웃 간에도 차별이 없어야 한다는 말씀이다. 차별은 믿음과 상충할 뿐만 아니라 최고의 법과도 충돌한다. "만일 너희가 사람을 차별하여 대하면 죄를 짓는 것이니 율법이 너희를 범법자로 정죄하리라 누구든지 온 율법을 지키다가 그 하나를 범하면 모두 범한 자가 되나니"(약 2:9-10).

야고보는 차별이라는 범죄의 심각성을 잘 느끼지 못하는 사람을 위하여, 누구라도 심각하게 생각하는 죄인 살인과 간음을 비유로 들고 있다. 어떤 이가 율법을 잘 지켜서 간음을 하지 않는다고 해도 살인하면 범죄자가 되어 지옥의 형벌을 받게 된다. 그 반대도 성립한다. 그처럼 모든 율법을 빠짐없이 준수했어도 이웃을 차별했다면 그도 역시 범죄자로 처벌받게 될 것이라는 것이다. 차별대우에 대해서 "그럴 수도 있다", "그게 뭐가 대수라고" 하는 식으로 대충 넘어가지 못하게 하려는 장치다. 그러면서도 꼭 율법으로 정해서가 아니라 자율적으로 하라고 권면한다. "너희는 **자유의 율법**대로 심판 받을 자처럼 말도 하고 행하기도 하라"(약 2:12). 야고보는 앞에서 "자유롭게 하는 온전한 율법"(약 1:25)이라고 언급한 적이 있는데, 다시 "자유의 율법"이라고 말하고 있다. 율법은 우리의 참된 자유를 위해 주신 것이다. 구원받은 이로서 참된 자유를 누리도록 주신 말씀이다.

이제 야고보는 결론적으로 가난한 자를 차별 대우하지 말고 대신 긍휼을 베풀라고 조언하고 있다. 가난한 자를 향해서 베푸는 사랑은 결국 긍휼의 모습을 띠게 되기 때문이다. "긍휼을 행하지 아니하는 자에게는 긍휼 없는 심판이 있으리라 긍휼은 심판을 이기고 자랑하느니라"(약 2:13). 긍휼은 하나님의 사랑을 반영하는 것이다. 차별과 정반대되는 것은 긍휼을 베푸는 것이다. 긍휼을 베푸는 자는 심판을 이기고 승리하게 될 것이다. 우리가 타인에게 긍휼을 많이 베풀면 하나님도 우리에게 긍휼을 많이 베푸신다. 우리의 긍휼은 하나님의 긍휼을 부른다. "긍휼히 여기는 자는 복이 있나니 그들이 긍휼히 여김을 받을 것임이요"(마 5:7).

차별이 만연한 세상에 차별 없는 사회와 교회를 이루는 것은 경건한 신앙생활을 하는 우리의 의무다. 야고보는 앞에서 참된 경건에 대해 "고아와 과부를 그 환난 중에 돌보고"(약 1:27)라고 말했다. 이 땅은 차별받지 않는 사회가 되어야 한다. 그러나 이 세상에는 아직 인간다운 대우를 받지 못한 채 짐승처럼 살아가는 사람도 많다. 인도의 카스트 제도의 불가촉천민, 미얀마의 로힝야족, 난민 등이 그들이다. 하지만 우리 주변을 살펴보면 사회경제적인 격차가 또 다른 차별을 계속 만들어내고 있다. 우리가 하나님의 선한 눈을 가질 수만 있다면 인간을 그 자체로 보고 존경과 사랑으로 대우하면서 살아갈 것이다. 우리는 차별 없는 사회를 위해 기도해야 한다. 어렵고 소외된 이웃이 인간의 당당한 권리를 누리며 살아갈 수 있도록 말이다. 우리 교회, 당신의 교회가 남녀노소, 빈부귀천, 지역, 인종 차별 없는 공동체가 되어 아무라도 와서 위로받고 안식을 얻는 교회가 되기를 기원한다.

강의 영상

5
신행일치(信行一致)

14내 형제들아 만일 사람이 믿음이 있노라 하고 행함이 없으면 무슨 유익이
있으리요 그 믿음이 능히 자기를 구원하겠느냐 15만일 형제나 자매가 헐벗고
일용할 양식이 없는데 16너희 중에 누구든지 그에게 이르되 평안히 가라, 덥게
하라, 배부르게 하라 하며 그 몸에 쓸 것을 주지 아니하면 무슨 유익이 있으리
요 17이와 같이 행함이 없는 믿음은 그 자체가 죽은 것이라 18어떤 사람은 말하
기를 너는 믿음이 있고 나는 행함이 있으니 행함이 없는 네 믿음을 내게 보이
라 나는 행함으로 내 믿음을 네게 보이리라 하리라 19네가 하나님은 한 분이
신 줄을 믿느냐 잘하는도다 귀신들도 믿고 떠느니라 20아아 허탄한 사람아 행
함이 없는 믿음이 헛것인 줄을 알고자 하느냐 21우리 조상 아브라함이 그 아
들 이삭을 제단에 바칠 때에 행함으로 의롭다 하심을 받은 것이 아니냐 22네
가 보거니와 믿음이 그의 행함과 함께 일하고 행함으로 믿음이 온전하게 되
었느니라 23이에 성경에 이른 바 아브라함이 하나님을 믿으니 이것을 의로 여
기셨다는 말씀이 이루어졌고 그는 하나님의 벗이라 칭함을 받았나니 24이로
보건대 사람이 행함으로 의롭다 하심을 받고 믿음으로만은 아니니라 25또 이
와 같이 기생 라합이 사자들을 접대하여 다른 길로 나가게 할 때에 행함으로
의롭다 하심을 받은 것이 아니냐 26영혼 없는 몸이 죽은 것 같이 행함이 없는
믿음은 죽은 것이니라 약 2:14-26

야고보서 2장 14절은 두 가지 질문으로 시작한다. "내 형제들아 만일 사람이 믿음이 있노라 하고 행함이 없으면 무슨 유익이 있으리요 그 믿음이 능히 자기를 구원하겠느냐." 우선 야고보의 말

에는 믿음이 우리에게 엄청나게 많은 “유익”과 “구원”을 가져다 준다는 것이 전제되어 있다. 즉 믿음은 이 세상을 살아가는 데 필요한 “유익”한 것들을 제공해 줄 뿐 아니라, 결국에는 우리를 “구원”으로까지 인도한다는 것이다. 그래서 믿음은 현생의 유익과 내생의 구원을 약속하는 것이다. 따라서 세상에 믿음만큼 귀한 것이 없다. 무엇이 이만한 것을 가져다주겠는가? 세상에서 믿음 생활을 하는 것만큼 잘하는 것도 없다. 그래서 그리스도인은 자랑스럽게 “나는 믿는 사람이야”라고 한다. 하지만 그런 고백이 사실이 되려면 “행함”이 뒷받침되어야 한다. “믿음이 있노라” 했지만 행함에서 증거가 나타나지 않는다면, 그것은 ‘무익한 믿음’ 그리고 ‘구원할 수 없는 믿음’이 된다. 따라서 믿음은 말뿐이 아니라 행함으로 나타나야 한다. 그래야 ‘유익한 믿음’, ‘구원하는 믿음’이 된다. ‘유익한 믿음’, ‘구원하는 믿음’의 요체는 행함이 있느냐 여부다.

우리의 믿음은 죽어서 구원을 얻는 것만이 아니라 지금도 많은 유익을 가져다준다. 현세의 유익은 내세의 구원을 보증해 주는 것이다. 우선 현세의 유익은 파악하기가 쉽다. 우리가 믿음을 가짐으로 인해 개인적으로 또는 공동체적으로 어떤 유익을 얻었는지 생각해 보자. 성경에는 믿음을 통해 놀라운 변화의 역사를 경험한 개인과 공동체의 사건들이 많이 기록되어 있다. 우리나라의 예를 들어보자. 이 땅에 기독교가 들어오기 전에 얼마나 큰 어둠과 고통과 비탄과 질병과 억눌림과 탄압과 착취와 귀신의 역사와 죽음이 만연되어 있었는가? 하지만 예수님을 믿는 믿음이 들어오고 많은 사람이 예수님을 영접한 뒤, 이 땅은 천지개벽(天地開闢)되었다. 이 땅을 덮고 있는 칠흑 같은 어둠이 떠나고 빛이 비치기 시작했다. 유교에 찌들었던 사회가 개화되었고, 근대 교육이 확산되었고, 많은 사람이 구제의 혜택을 받게 되었고, 경제가 발전했고, 나라가 해방과 독립을 얻게 되었고, 자유민주주의를 구축하게 되었고, 인권과 평화와 생태 문제를 이야기하는 수준이 되었다. 믿음이 이 땅에 가져온 유익은 셀 수 없을 정도다. 이 땅은 믿음 때문에 복을 받았다. 개인은 어떤가? 내가 가족 중 예수님을 처음 믿기 시작하면서 가족들 모두가 큰 유익을 얻었다. 동생들까지 교육을 더 받게 되었고, 삶의 질이 개선되었고, 많은 죄에서 벗어나 평화로운 삶을 살고 있다. 아브라함처럼 "땅의 모든 족속이 너로 말미암아 복을 얻을 것이라"(창 12:3) 하신 말씀이 성취된 것이다. 믿음은 개인과 공동체에게도 커다란 유익을 준다. 믿음은 바라는 것들의 실상인데(히 11:1), 바라는 것들이 믿음을 통해 개인과 공동체 안에 현실화된 것이다. 현재 대한민국 안티 기독교 세력은 자신들이 디디고 서 있는 축복의 기반이 바로 기독교인들의 믿음의 증거임을 알지 못하고 있다.

믿음은 행함으로 표출되고 그 행함은 유익을 가져오는데, 그 유익은 개인뿐 아니라 공동체 속에서 드러나게 된다. 믿음은 하나님과의 개별적인 관계에서 가지게 되지만 믿음의 진실성은 공적인 영역에서 삶으로 증명되어야 한다. 주관의 영역 속에 있는 믿음이 객관의 영역 속에서 결실을 보게 될 때, 보이지 않는 믿음은 확증되는 것이다. 믿음은 취미 생활이 아니고, 교회 안에서만 하는 것도 아니다. 삶의 일부분을 이루는 것도 아니다. 믿음은 내 존재의 모든 영역에 영향을 미쳐서, 먼저는 내 생각, 가치관, 삶의 방식을 변화시키고, 나중에는 내 가정과 이 땅을 새롭게 하는 능력으로 나타난다. 다시 말해 믿음의 근간은 하나님과 나의 관계이지만, 온전한 믿음은 그 관계가 공적인 영역에서 표출되고 유익을 가져와야 한다. 믿음이 공적으로 표현된다는 것은 믿음이 삶을 변화시키고 사회를 변혁시켜야 한다는 것이다. 우리는 우리가 가장 소중하게 여기는 가치들로 우리 주변의 삶을 바꿔야 한다. 공적인 영역에서 성경적 가치를 실현해야 한다. 따라서 평화, 전쟁, 자유, 인권, 정의, 경제, 직업, 환경, 건강, 생명, 가치 등은 정치권이나 입법부나 사회단체의 문제가 아니라 내 신앙의 문제다. 믿음이 이런 영역에 선한 영향력을 미치기 위해서는 믿는 바를 따라, 믿음이 인도하는 대로, 믿음이 감동하는 대로 행동하고 말해야 한다.

야고보는 2장 15-16절에서 행함이 없는 믿음이 얼마나 유익이 없는지, 얼마나 무기력(無氣力)하고 무의미(無意味)한지를 실제 생활의 예를 들어 설명하고 있다. "만일 형제나 자매가 헐벗고 일용할 양식이 없는데 너희 중에 누구든지 그에게 이르되 평안히 가라, 덥게 하라, 배부르게 하라 하며 그 몸에 쓸 것을 주지 아니하면 무슨 유익이 있으리요." 고대 세계를 지배했던 인과응보의 논리에 따르면, 굶주리고 헐벗은 사람은 저주를 받은 자요 죄인처럼 취급을 받는 것이 일상다반사였다. 하지만 이 말을 건넨 사람은 가난한 자들을 멸시하거나 쫓아내지 않고 형제와 자매처럼 여겼다. 더 나아가 그들에게 의식주에 대해서 복이 있으라고 축복까지 하고 있다. '당신에게 평안이 있기를!' '당신에게 의복이 생겨서 따뜻한 생활을 하기를!' '당신에게 양식이 풍족하여 넉넉하게 살기를!' 그런데 이렇게 말로 축복을 빌어 주었다고 해서 그들의 상황이 바뀌겠는가? 입술의 말뿐인 이런 축복이 극빈자에게 무슨 도움이 될 것인가? 가난한 자에게 당장에 필요한 것은 덕담이 아니라 생필품이다. 껍데기뿐인 종교적 인사치레는 아무런 유익도 없다. 약소해도 자기가 가진 것을 나누는 것이 백 마디 축복보다 더 낫지 아니한가! "추운데 왜 그렇게 벗고 있어, 옷 입어!", "왜 굶어, 밥 없으면 고기 먹어!"라고 말하는 것은 헛소리에 불과하다. 그가 대답할 것이다. "내 말이, 그게 없다니까요?" 정말 웃기는 일이다. 말로만 하고 할 수 있는 행동을 하지 않으면 아무 소용이 없다. 새해가 되면 우리는 "새해 복 많이 받으세요"라고 덕담을 나눈다. 욕설과 저주로 점철된 우리 조상들의 삶을 생각해 보면 좋은 전통이다. 하지만 정말 위기에 처한 사람에게는 덕담을 넘어 구체적인 행위로까지 나아가야 한다. 고민과 걱정과 외로움으로 몸부림치고 있는 사람에게 "샬롬"을 말하는 것보다, 그의 말을 경청하고 그의 어려움을 상담해 주며 실질적인 도움을 주는 것이 더 필요하다. 입을 것이 없어 떨고 있는 사람에게 "왜 춥게 그러고 있어? 따뜻한 옷을 입어야지?"라고 말해 준다고 나아지는 것은 하나도 없다. 먹을 것이 없어 굶고 있는 사람에게 "무엇이라도 사 먹어. 그러다 큰일나"라고 말하는 것도 무의미하다. 혹시 자존심 때문에 도움을 요청하지 못하는 사람에게는 오른손이 하는 일을 왼손이 모르게 하면서 지혜롭게 도움을 주는 것이 진정한 믿음이다.

이렇게 말을 하고 보니 영적으로 제일 위험한 사람은 나와 같은 목회자, 즉 설교자다. 목회자는 강대상에서든지 일상생활에서든지 하나님의 말씀을 전한다는 차원에서 온갖 축복의 말을 쏟아 놓는다. 직업적 의무이기도 하다. "축복 받으세요", "샬롬", "평안하세요", "하나님이 함께하실 거예요", "하나님이 인도해 주실 거예요", "하나님이 채워 주실 거예요" 등등. 하지만 한 사람 한 사람 구체적으로 상황과 형편과 아픔과 부족함을 살펴 그의 필요를 채워 주지 못한다면 행함 없는 믿음의 소유자가 아니고 무엇이겠는가? 그것은 립서비스에 불과하다. 참으로 마음이 뜨끔해진다. 신앙생활을 할 때 신자가 조심해야 할 점도 바로 이것이다. 신앙생활을 할 때 우리는 좋은 말씀을 늘 듣는다. 또한 우리는 좋은 말씀을 해야만 하는 입장에 서기도 한다. 그래서 좋든 싫든, 자발적이든 비자발적이든, 기독교인의 입술은 축복의 말들로 가득하다. 이것이 기독교 문화다. 하지만 좋은 말을 했다고 해서 좋은 사람이 된 것은 아니다. 입술의 말과 몸의 행실이 일치하지 않으면 안 된다. 그래서 천국에는 목사의 입만 그리고 신자의 귀만 간다는 말이 있나 보다.

앞 단락에서 야고보는 가난한 자를 차별하지 말라고 했는데, 여기에서는 더 나아가 가난한 자를 돌보라고 하고 있다. 그리고 가난한 자를 향한 선행은 말만으로 되는 것이 아니라 실천적 행동이 뒤따라야 한다고 강조하고 있다. 가난한 자에 대한 긍휼이 말뿐 아니라 실천적인 도움의 행위로 나타나야 유익한 것처럼, 믿음에도 말이 아니라 행위가 따라야 유익하다는 것이다. 긍휼과 구제를 믿음과 행함의 관계로 연결시키고 있다. 행위가 동반되지 않는 믿음은 헛것이다.

야고보는 '행함 없는 믿음'이 '유익 없는 믿음'이라는 것에서 더 나아가 '죽은 믿음'이라고 단정한다. "이와 같이 행함이 없는 믿음은 그 자체가 죽은 것이라"(약 2:17). 행함 없는 믿음은 유익이 없을 뿐만 아니라(14, 16절), 영혼을 구원하지 못하고(14절), 믿음 자체가 죽은 것이다(17, 26절). 이런 예가 합당한지 모르겠지만, 늦은 나이에 어렵게 아이를 임신한 동역자가 있었다. 그런데 태아가 얼마동안 움직임이 없는 것 같았다. 이상한 생각이 들어 산부인과에서 진료를 받았는데, 무슨 이유인지 태아가 죽은 상태로 있었던 것이다. 그러고도 몇 주를 지냈다. 정말 끔찍한 일이었다. 본질상 믿음은 그 자체 안에 생명력을 지니고 있다. 생명력이 없는 믿음은 존재할 수 없다. 예를 들어 씨앗은 겉으로 보기에는 딱딱해 보여도 그 자체 안에 생명력이 있기 때문에 땅에 묻히면 곧 발아(發芽), 성장(成長), 개화(開花), 결실(結實)을 한다. 어떤 씨앗이 이런 과정을 거치지 않는다면 그 씨앗은 이미 죽은 것이다. 행함 있는 믿음과 행함 없는 믿음은 온전한 씨앗과 죽은 씨앗에 비견될 수 있다. 믿음은 당연히 그 안에 행함을 내포하고 있다. 야고보는 '믿음이 있지만, 아직 행함이 없는 믿음'과 '행함이 있는 믿음'을 비교하는 것이 아니다. '살아 있는 믿음'과 '죽은 믿음'을 비교하고 있는 것이다. '완전히 잘못된 믿음, 곧 처음부터 없는 믿음'과 '올바른 믿음 곧 참된 믿음'을 비교하고 있는 것이다. 진짜 믿음과 가짜 믿음을 대조하고 있는 것이다. 누군가의 믿음은 우리가 눈으로 볼 수도 없고 판단을 내릴 수도 없다. 하지만 정말로 그 믿음이 참된 믿음이라면 생명력이 있어서 결국 바깥으로 정체를 드러내게 될 것이다. 우리 눈에는 그 믿음이 아니라 믿음이 이루어낸 결실이 보일 뿐이지만 그 믿음의 결실을 통해 그 사람의 믿음의 진실성을 판별해 낼 수 있다. 그는 처음부터 하나님과 살아 있는 교제를 나누는 참된 믿음을 갖고 있었던 것이다. 내가 가진 믿음이 참된 것이라면 내 말과 행동과 삶의 모습과 관계를 통해 발현되어 나타난다. 믿음과 행함은 별개일 수가 없고 반드시 일치한다.

야고보는 행함을 통해 자기 믿음이 살아 있음을 증명하라고 도전한다. "어떤 사람은 말하기를 너는 믿음이 있고 나는 행함이 있으니 행함이 없는 네 믿음을 내게 보이라 나는 행함으로 내 믿음을 네게 보이리라 하리라"(약 2:18). 행함이 없는 믿음은 죽은 믿음이고, 행함이 있는 믿음은 살아 있는 믿음이요 참된 믿음이다. 앞장에서 '하나님의 말씀을 들은 대로 행한다'는 청행일치(聽行一致)를 이야기했는데, 여기에서는 신행일치(信行一致)를 말하고 있다. 즉 믿은 대로 행동한다는 의미다. 믿는 것과 행하는 것은 별개가 아니고 일치된다는 것이다. 믿는다고 하면서 행함이 없는 것,

행한다고 하면서 믿음이 없는 것, 모두 문제다.

야고보는 한 걸음 더 나아가 자기기만에 빠져 있는 사람에게 도발적인 언사를 한다. 귀신에게도 그런 믿음은 있다는 것이다. “네가 하나님은 한 분이신 줄을 믿느냐 잘하는도다 귀신들도 믿고 떠느니라”(약 2:19). 몸이 없는 귀신의 믿음이다. 귀신들도 하나님이 한 분이심을 귀신같이 잘 알고 떤다. 이 귀신의 믿음은 공생애를 거치고 있는 예수님과 관련해서도 나타났다. 메시야 은닉(messianic secret)에 입각해서 예수님은 초기에 자신의 영적 정체성을 감추시고 노출하지 않으셨다. 그래서 사람들은 예수님을 단지 목수의 아들이요 나사렛 예수 이상으로 생각하지 않았다. 반면 귀신들은 영물인지라 예수님에게서 신성함과 비범함을 감지하고 예수님께 나아와 비밀을 폭로했다. 귀신들이 예수님을 보면 즉시 그 앞에 달려 나가 엎드려 하는 말이, “나사렛 예수여 우리가 당신과 무슨 상관이 있나이까 우리를 멸하러 왔나이까 나는 당신이 누구인 줄 아노니 하나님의 거룩한 자니이다”(막 1:24)였다. 이것이 귀신들의 믿음이다. 이들은 성경도 귀신같이 잘 안다. 귀신들의 믿음은 행함이 없는 믿음이라고 할 수 있다. 귀신들의 믿음은 순종의 열매 없는 지식적인 믿음일 뿐이다. 이것은 성경에서 말하는 살아있는 참된 믿음이 아니다. 이런 믿음은 열매도 없고 유익도 없고 구원도 없다. 행함이 없는 믿음은 귀신의 믿음과 진배없다. 그것은 믿음이라고 표현하기도 민망한 것이다.

행함이 없는 믿음은 헛된 믿음일 뿐이다. “아아 허탄한 사람아 행함이 없는 믿음이 헛것인 줄을 알고자 하느냐"(약 2:20). 평생 신앙생활을 했는데 하나님의 백보좌 심판대에서 자신의 믿음이 '헛것'이라는 판정이 나오면 어떻게 되겠는가? 행함 없는 믿음은 헛것이요 효력도 없고 소용도 없고 거짓이다. 얼마나 허망하겠는가!

여기까지 이야기하면 어떤 분들은 바울의 구원론인 이신칭의(以信稱義), 즉 '오직 믿음으로써만 구원을 받는다'는 교리와 야고보의 구원론이 충돌하는 것처럼 여겨져 마음이 불편할 수 있을 것 같다. 결론적으로 말하지만, 바울과 야고보 사이에는 어떠한 충돌도 없다. 사실 믿음은 행함을 내포하고 있으며 궁극적으로는 서로 통하기 때문이다. 성경은 크게 보자면 두 개의 언어로 기록되어 있다. 구약은 히브리어, 신약은 헬라어다. 성경에는 이 두 언어의 세계관이 녹아 있다. 히브리인들은 전통적으로 히브리적 세계관을 갖고 살아왔는데 그레코-로만 시대를 거치면서 헬라적인 세계관의 영향을 다소 받았다. 하지만 여전히 히브리적 세계관이 그들의 주요 세계관이라고 봐야 한다. 히브리적 세계관과 헬라적 세계관은 어떤 면에서 크게 다르다. 히브리적 세계관은 일원론이지만 헬라적 세계관은 이원론이다. 즉 헬라인들은 몸과 영혼, 믿음과 행함, 사랑과 사랑하는 행위, 지식과 지식을 통한 행위를 철저히 분리하여 다룬다. 반면 히브리인들은 이 둘이 분리된 것이 아니라 본래 '하나'라고 생각한다. 참된 지식은 관념적인 지식을 넘어 실천적 체험적 지식을 포함한다고 본다. 참된 사랑은 심리적 애정을 넘어 사랑의 희생까지도 포함한다. 참된 믿음은 주관적 가치 체계

뿐 아니라 대외적 실천이라고 본다. 헬라어는 명사와 동사를 따로 고찰해야 하지만, 히브리어에서 명사와 동사는 본질상 같다. 명사 안에 이미 동사가 내포되어 있다고 본다. 바울과 야고보는 언어로는 헬라어를 구사하고 있지만, 민족적 정체성은 분명 유대인이기 때문에 히브리적 세계관으로 이 단어를 사용하고 있다. 둘에게 '믿음'이라는 개념은 무척 중요하다. 다만 차이가 있다면 바울은 씨앗 단계의 믿음을, 야고보는 결실 단계의 믿음을 대상으로 구원을 논증하고 있을 뿐이다. 진정한 믿음은 삶 속에서 행함을 통해 나타난다는 것이다. 바울이 서신에서 전반부에 이신칭의 교리를 설명한 뒤, 후반부에 기독교인으로서의 삶의 태도와 자세를 언급하는 이유도 동일한 맥락에 속한다. 야고보는 오늘 읽은 말씀에서만 믿음과 행위를 10회에 걸쳐 연결하여 사용하고 있다.

야고보는 행함 있는 믿음이 참된 믿음이라는 것을 구약에서 두 인물을 들어 예증한다. 두 인물은 극과 극의 성질을 지녔다. 남성과 여성, 존귀한 자와 비천한 자, 족장과 창녀, 유대인과 이방인이라는 구도에서 양단법을 사용해 제시하고 있다. 그 주인공은 아브라함과 라합이다. 바울은 이스라엘의 시조요 믿음의 조상인 아브라함에 대해서 언급한 바 있는데, 로마서 4장에서는 그의 믿음을 논증했고, 히브리서 11장에서는 라합과 함께 믿음의 선진으로서 소개했다. 아브라함을 살펴보면 그의 전체 삶은 믿음에 의해 추동되었음을 알 수 있다. 믿음은 그의 삶을 이끌어간 동력이었다. 그가 갈대아 우르를 떠난 일이나 이삭을 낳게 된 일 등은 모두 믿음이 관련되어 있다. 하지만 야고보는 아브라함의 생애의 많은 일 가운데 창세기 22장에 기록된 독자 이삭을 모리아 산에서 번제로 드린 일을 들고 있다. "우리 조상 아브라함이 그 아들 이삭을 제단에 바칠 때에 행함으로 의롭다 하심을 받은 것이 아니냐"(약 2:21). 아브라함에게 믿음이 있었다고 해도 우리로서는 알 길이 없다. 하지만 인생의 가장 어려운 시험을 맞닥뜨렸을 때 아브라함이 취한 행위는 그가 분명 하나님을 진심으로 믿고 있는지 그렇지 않은지를 만천하에 드러내 보였다. 모리아 사건은 아브라함의 믿음이 행동으로 나타난 일이자 믿음을 확증한 사건이다. 고대 유대 사회에서 독자를 잃는다는 것은 자기 자신의 모든 것을 잃는 것을 의미했다. 부모는 아들을 통해서만 그 이름이 전승되고 살아남아 있게 된다고 믿어졌기 때문이다. 하지만 아브라함은 100세 때에 얻은 아들, 눈에 넣어도 아프지 않을 아들을 번제로 바치라는 청천벽력(靑天霹靂) 같은 하나님의 지시에도 묵묵히 순종했다. 도대체 이런 행동은 어디에서 나온 것인가? 아브라함의 믿음이다. 우리는 평상시에는 얼마든지 하나님의 말씀을 믿을 수 있다. 하나님의 선하심도 믿을 수 있다. 심지어 하나님이 죽은 자를 다시 살리실 수 있다는 것도 믿을 수 있다. 그러나 그보다 훨씬 쉬운 것, 십일조에 축복하신다고 믿는다면 십일조를 드릴 것이다. 아브라함의 믿음을 무엇으로 증명할 수 있을 것인가? 그는 얼마만큼 하나님을 믿을 수 있을까? 하나님의 분명한 지시가 있음에도 불구하고 실제로 그의 아들을 그 제단에 바칠 수 없었다면 그것은 진정한 믿음이 아닌 것이다. 히브리서 기자는 독자 이삭을 바치는 이 아브라함의 믿음에 대해 "그가 하나님이 능히 이삭을 죽은 자 가운데서 다시 살리실 줄로 생각한지라 비유컨대 그를 죽은 자 가운데서 도로 받은 것이니라"(히 11:19)고 말했다. 아브라함의 부활 신앙이다.

한 곡예사가 나이아가라 폭포 위에 외줄을 걸어 놓고 줄타기를 했다. 수많은 관람객이 이 모습을 숨죽여 지켜보았다. 곡예사는 멋지게 성공을 해서 박수갈채를 받았다. 다음에는 곡예사가 무거운 짐을 등에 짊어지고 외줄을 건넜다. 역시 박수갈채가 쏟아졌다. 곡예사가 사람들에게 이렇게 물었다. "제가 사람을 등에 업고 이 외줄을 건너갈 수 있다고 믿습니까?" 너나 할 것이 없이 그렇다고 대답했다. 그러자 곡예사가 다시 물었다. "그러면 제 등에 업히실 지원자가 있습니까?" 순간 좌중은 찬물을 끼얹은 듯 고요해졌다. 그 곡예사의 능력을 믿는다면 지원하지 못할 이유가 없다. 하지만 실제로 그것이 내게 해당된다면 문제는 다르다. 믿음과 행위가 분리되는 지점이다. 하나님을 믿는다고 주장해도 "네 자신을 내게 바쳐라"라고 했을 때 믿음으로 나아올 자가 과연 몇 명이나 될까? 행함으로 나올 때에만 그 믿음이 참된 믿음이 된다. 행함으로 당신의 믿음을 증명하라. '내게' 해당되는 말씀, '내가' 반응해야 하는 말씀에 행함으로 나오는 믿음이 참된 믿음이다.

"네가 보거니와 믿음이 그의 행함과 함께 일하고 행함으로 믿음이 온전하게 되었느니라"(약 2:22). 아브라함의 믿음은 그의 행함과 분리되지 않고 더불어 일했다. 아브라함의 믿음은 행함으로 온전하게 되었다. 믿음은 행위와 함께 일하며, 행위로 온전해진다. 믿음의 절정은 행함이다. 그래서 아브라함은 이 행함 있는 믿음을 통해 하나님으로부터 '의롭다' 함을 받게 되었고, '하나님의 벗'이라는 칭호를 받게 되었다. 행함이 있는 믿음이 칭찬과 사랑과 인정과 존귀를 받게 된다. 사람이 하나님께 '의롭다 하심'을 받는 것은 믿음에 의해서다. 하지만 아브라함을 생각해 보면 행함으로 의롭다 하심을 받기도 한다. 믿음의 행위 말이다. 믿음과 행함이 분리되지 않는다.

야고보는 두 번째로 라합을 예시하고 있다. 가나안 여인 라합은 여리고 성에 살면서 온갖 죄악을 보기도 하고 동참하기도 했던 여인이다. '이 죄악의 도성에서 어떻게 하면 벗어날 수 있는가?', '이 모습 이대로 살다가는 분명 망할 텐데' 하는 두려움이 있었던 여인이다. 마음의 갈망이 있었던 영적 구도자였다. 그러다가 하나님을 섬기는 백성이 접근한다는 소식을 듣게 되었고, 두 정탐꾼을 영접하여 자기 집에 들이기도 했다. 갈림길에 서게 된 라합은 한쪽 편을 선택해야 했다. 지금까지 함께 살던 자기 동족과 운명을 함께할 것인가? 아니면 낯설지만 참된 하나님을 섬기는 백성에 가담할 것인가? 여인은 자신의 믿음을 정탐꾼들에게 고백했다. "이는 너희가 애굽에서 나올 때에 여호와께서 너희 앞에서 홍해 물을 마르게 하신 일과 너희가 요단 저쪽에 있는 아모리 사람의 두 왕 시혼과 옥에게 행한 일 곧 그들을 전멸시킨 일을 우리가 들었음이니라 우리가 듣자 곧 마음이 녹았고 너희로 말미암아 사람이 정신을 잃었나니 너희의 하나님 여호와는 위로는 하늘에서도 아래로는 땅에서도 하나님이시니라"(수 2:10-11). 하나님에 대한 이야기를 듣고 믿게 된 이 얼마나 위대한 신앙고백인가? 그러나 이것이 말로만 될 일인가? 라합 외에도 얼마나 많은 가나안 사람들이 이런 일을 듣고 믿게 되었을까? 그런데 그뿐이었다. 그러나 라합은 그 믿음에 합당한 행동을 결단한다. 그 믿음을 행동에 옮긴다. 즉 자기의 목숨을 걸고 정탐꾼을 숨겨 주고 이스라엘의 편에 확실히 선 것이다. 동서고금 모든 나라에서 반역죄는 대역죄로 간주되어 극형에 처한다. 하지만 라합은 그의 믿음에 상응하여 죽음의 위험을 감수하고 행동에 나선다. 수색꾼들에게서 정탐꾼을 보호해 주고 그들이 도망갈 길을 알려 주기도 했다. 라합의 생명은 정탐꾼들의 생명과 결탁되어 있다. 살면 같이 살고, 죽으면 같이 죽는다. 라합이 믿음의 고백을 하였다고 해도, 실제로 사자들을 숨겨 주지 아니하고 그들과 함께 목숨을 걸지 않았다면 구원을 받을 수 있었겠는가? 믿는다고 하면서도 정탐군을 고발하였다면 그 고백은 거짓이고 그 믿음은 거짓 믿음이다. 라합의 믿음의 행위는 정탐꾼들을 살렸고, 정탐꾼들은 자기 목숨을 바쳐서라도 라합과 그의 친족을 구원하는 데 앞장섰다. 여호수아서는 이스라엘이 가나안에 들어가는 첫 번째 싸움에서 라합의 이야기를 중요한 비중으로 다루고 있다. 아브라함의 자손뿐 아니라 이방인도 믿음으로 구원을 받을 수 있다는 것이다. 여인의 믿음의 행위가 유익을 가져왔고 구원을 가져온 것이다. 아브라함은 믿음의 조상이 되었고, 라합은 멸망의 소용돌이 속에서 그의 전 가족을 건져내었다. 우리의 믿음은 우리의 희생을 통해서, 헌신을 통해서, 결단을 통해서 드러나야 한다. 때로 하나님은 우리 믿음이 진짜인지 알기 위해 테스트하신다. 그때 믿음으로 결단하고 희생하고 헌신해야 놀라운 역사가 일어나고 유익한 일들이 일어나고 구원의 역사가 일어난다.

야고보는 다음과 같은 결론을 내린다. "영혼 없는 몸이 죽은 것 같이 행함이 없는 믿음은 죽은 것이니라"(약 2:26). 아무리 사랑한 사람이라고 해도 죽은 사람은 곁에 두고 볼 수가 없다. 멀리 가져다가 땅에 묻는다. 영혼이 떠난 시체는 그 사람이 아니다. 믿음이 아무리 귀하다고 해도 행함이 없다면 바로 이런 시신과 다를 바가 없다. 죽은 믿음이다. 가짜 믿음이다. 아무 능력이 나타나지 않는다. 아무 유익이 없는 믿음이다. 아무도 구원할 수 없는 믿음이다. 믿음 안에는 행함이 들어 있다. 믿음의 엄청난 잠재력이다. 믿음에서는 산을 옮길 만한 능력이 나온다. 믿음이 행함과 함께 일할 때다. 믿음은 행함을 통해 드러나고 온전해지고 아름다운 열매를 맺는다. 믿음대로 살아내는 것이 그래서 귀하다.

강의 영상

6
온전한 사람

1내 형제들아 너희는 선생된 우리가 더 큰 심판을 받을 줄 알고 선생이 많이
되지 말라 2우리가 다 실수가 많으니 만일 말에 실수가 없는 자라면 곧 온전
한 사람이라 능히 온 몸도 굴레 씌우리라 3우리가 말들의 입에 재갈 물리는
것은 우리에게 순종하게 하려고 그 온 몸을 제어하는 것이라 4또 배를 보라
그렇게 크고 광풍에 밀려가는 것들을 지극히 작은 키로써 사공의 뜻대로 운
행하나니 5이와 같이 혀도 작은 지체로되 큰 것을 자랑하도다 보라 얼마나 작
은 불이 얼마나 많은 나무를 태우는가 6혀는 곧 불이요 불의의 세계라 혀는
우리 지체 중에서 온 몸을 더럽히고 삶의 수레바퀴를 불사르나니 그 사르는
것이 지옥 불에서 나느니라 7여러 종류의 짐승과 새와 벌레와 바다의 생물은
다 사람이 길들일 수 있고 길들여 왔거니와 8혀는 능히 길들일 사람이 없나니
쉬지 아니하는 악이요 죽이는 독이 가득한 것이라 9이것으로 우리가 주 아버
지를 찬송하고 또 이것으로 하나님의 형상대로 지음을 받은 사람을 저주하나
니 10한 입에서 찬송과 저주가 나오는도다 내 형제들아 이것이 마땅하지 아니
하니라 11샘이 한 구멍으로 어찌 단 물과 쓴 물을 내겠느냐 12내 형제들아 어찌
무화과나무가 감람 열매를, 포도나무가 무화과를 맺겠느냐 이와 같이 짠 물이
단 물을 내지 못하느니라 약 3:1-12

작가 이기주는 「언어의 온도」에서 언총(言塚)에 대한 이야기를 들려준다.

그런 날이 있다. 입을 닫을 수 없고 혀를 감추지 못하는 날, 입술 근

육 좀 풀어줘야 직성이 풀리는 날. 그런 날이면 마음 한구석에서 교만이 독사처럼 꿈틀거린다. 내가 내뱉은 말을 합리화하기 위해 거짓말을 보태게 되고, 상대의 말보다 내 말이 중요하므로 남의 말꼬리를 잡거나 말허리를 자르는 빈도도 높아진다. 필요 이상으로 말이 많아지는 이른바 다언증이 도질 때면 경북 예천군에 있는 언총이라는 '말 무덤'을 떠올리곤 한다. 달리는 말이 아니라 입에서 나오는 말을 파묻는 고분이다. 언총은 한마디로 침묵의 상징이다. 마을이 흉흉한 일에 휩싸일 때마다 여러 문중 사람이 언총에 모여 "기분 나쁘게 들릴지 모르겠지만…"으로 시작하는 쓸데없는 말과 "그쪽 걱정돼서 하는 얘기인데요…"처럼 이웃을 함부로 비난하는 말을 한데 모아 구덩이에 파묻었다. 말 장례를 치른 셈인데, 그러면 신기하게도 다툼질과 언쟁이 수그러들었다고 한다. 우린 늘 무엇을 말하느냐에 정신이 팔린 채 살아간다. 하지만 어떤 말을 하느냐보다 어떻게 말하느냐가 중요하고, 어떻게 말하느냐보다 때론 어떤 말을 하지 않느냐가 더 중요한 법이다. 입을 닫는 법을 배우지 않고서는 잘 말할 수 없는지도 모른다. 그래서 가끔은 내 언어의 총량에 관해 고민한다. 다언이 실언으로 가는 지름길이 될 수 있다는 사실을 망각하지 않으려 한다. 그리고 종종 가슴에 손을 얹고 스스로 물어본다. 말 무덤에 묻어야 할 말을 소중한 사람의 가슴에 묻으며 사는 것 아닌지….

본문은 말에 대한 이야기, 언어에 대한 이야기를 하고 있다. 인간은 '언어적 존재' 즉 '호모 로퀜스'(homo loquens)다. 인간은 언어를 통해 타인과 소통하고 대화한다. 언어를 통해 지혜와 지식을 축적하고 전달하고 전수받으면서 문명을 이루었다. 인간의 모든 가르침도 언어를 통해 전수된다. 인간은 말을 통해 인간관계를 맺고 활동영역을 확장한다. 그것뿐이겠는가? 인간의 종교 생활도 사실 말을 매개로 하여 영위된다. 말로 교리를 형성하고, 말로 포교하며, 말로 교리를 교육하고, 말로 신앙을 고백하고, 말로 기도하며, 말로 영적 성장을 도모한다. 따라서 영적 지도자는 말의 예술가가 되어야 한다. 하지만 인간은 말에 대해 늘 실수를 많이 한다. 그래서 말로 신앙이 세워지기도 하고 무너지기도 한다. 말은 양날의 칼과 같다. 야고보는 기독교 지도자가 말과 관련하여 주의해야 할 점에 대해 상기시켜 주고 있다. 작가 이기주에 따르면 말에는 온도가 있고 품격이 있다고 한다. 사실 말을 들어보면 그 사람의 마음 상태와 인격을 알 수 있다. 보이지 않는 내면이 말로 말미암아 밖으로 드러나기 때문이다.

우선 야고보는 말을 많이 하는 선생들은 영적으로 더 큰 위험에 처해 있다는 것을 알려 준다. 일종의 경고다. "내 형제들아 너희는 선생된 우리가 더 큰 심판을 받을 줄 알고 선생이 많이 되지 말라"(약 3:1). 야고보는 초대교회 공동체로부터 '의로운 선생'으로 불렸다. 그런 그가 타인에게는 선생이 많이 되지 말라고 권면하고 있다. 자기 혼자 선생 노릇을 다 하려는 것일까? 아니다. 나는 지금까지 누구한테도 개인적으로 "당신 목사 되세요"라고 말해 본 적이 없다. 그런 이야기를 했다가 어떻게 내가 책임을 지려고? 나는 서울신학대학교 교수 시절, 신학교 지원자를 면접할 때 항상 이런 질문을 던졌다. "당신은 왜 신학교에 지원했는가?" "왜 목사가 되려 하는가?" 지원자의 입장에서는 어려운 결정을 내린 자신을 환영하고 격려해 줄 줄 알았는데 신학교 교수가 이런 질문을 던지니 다소 의아하고 당황했을 것이다. 내가 목사 직분을 잘 수행하지 못해서 그런지는 모르겠다. 여하튼 내 아들에게도 목사 되라고 한 적도 없고, 아들은 목사가 되겠다고 말한 적도 없다. 실제로 내 아들은 목사가 되지 않았다. 나는 목사 되는 것이 인기가 있어서는 안 된다고 생각한다. 명예 때문에, 지위 때문에, 재물 때문에, 인기 때문에 목사가 되려고 하면 절대로 안 된다. 목사가 되려는 사람들이 쇄도하는 시대는 영적으로는 퇴락하는 시대다. 하나님의 부르심을 차마 거부할 수 없어서 어려운 줄 알지만, 그 길이 고난의 가시밭길인 줄 알지만, "아골 골짝 빈들에게도 복음 들고 가오리다"라고 결단하는 지원자가 많을 때 교회가 부흥했었다. 목사 직분이 인기가 있고 대우를 받고 환영을 받고 위세를 떨치는 때는 교회가 타락했었다.

야고보 시대도 마찬가지였을 것이다. 오순절 성령의 역사로 말미암아 초대교회가 성립되고, 하나님의 능력과 권능이 드러나고, 곳곳에서 교회가 우후죽순처럼 생겨나고, 교회 안에 공식적인 직분과 위계질서가 확립될 즈음에 선생이 되고자 열망하는 사람들이 많아졌을 것이다. 그래서 야고보는 "선생이 많이 되지 말라"고 경고한 것이다. 선생이 존경받고, 돈도 벌고, 안정적인 직업이기 때문에 외적 조건만 보고 선생이 되려고 한다면 그것은 좋지 않다는 취지다.

야고보가 사람들에게 선생이 되지 말라고 한 또 하나의 이유는 선생은 필연적으로 말을 많이 하기 때문이다. 말을 많이 하다보면 실수하게 된다. 말을 많이 하면서 말을 통제한다는 것은 보통 어려운 일이 아니니다. 그렇게 통제되지 못한 말이 튀어나오면 실언하고, 타인에게 상처를 주게 되며, 타인을 조롱하기도 하고, 심하면 남을 실족시키기도 한다. 한번 나가면 되돌릴 수 없는 것이 화살, 시간, 그리고 말이라고 하지 않던가. 이 말씀을 준비하면서 성령님께서 전도사 때에 학생회를 지도하면서 말로 부회장을 하던 아이에게 상처를 주었던 일을 생각나게 하신다. 정말 미안하다. 하나님 앞에는 회개를 했지만 그 아이가 어떻게 되었는지 모르겠다.

또 선생은 남을 가르쳐야 하는 직분이기 때문이다. 자기도 제대로 하지도 못하면서 남을 가르치면 올바른 가르침 대신 잘못된 가르침이 흘러나올 것이다. 무자격한 선생은 행동으로 가르치기보다는 쉬운 말로 할 텐데, 말만 하고 행동하지 않는 위선자가 될 수밖에 없다. 선생은 듣는 자에게 좋은 영향력을 미쳐야 하는데 준비되지 못한 교사는 악한 영향력을 미친다. 자기 혼자 신앙생활을 했다면 무방했을 텐데, 선생이라는 직분으로 인해 타인까지도 잘못된 길로 인도하게 된다. 소경이 소경을 인도하는 꼴이다. 예수님이 선교에 열심인 외식하는 서기관들과 바리새인들을 향해서 "너희보다 배나 더 지옥 자식이 되게 한다"(마 23:15)고 엄중히 책망하셨음을 명심해야 한다.

또 선생에게는 많은 책임이 뒤따르기 때문이다. 선생은 자기가 누구를 맡았든지, 그것이 어린아이든 청년이든 장년이든, 그 맡은 자들의 영혼에 대해 책임을 져야 한다. 백보좌 심판대 앞에서 우리 모든 행위와 사역에 대해서 결산을 하게 될 터인데, 그때 책임 추궁을 어떻게 감당하겠는가. 구약의 선지서들을 보면 하나님께서 이스라엘 지도자를 규탄하시는 내용이 나온다. 하나님은 그들을 이스라엘의 목자로 임명하셨는데, 그들은 목자의 직위에 걸맞게 양들을 먹이고 입히는 대신, 도리어 양을 잡아 자기만 입고 먹음으로써 주님의 진노를 자초하는 것을 본다. 선생은 자기 행위대로 심판을 받을 뿐만 아니라, 자기 말대로도 심판을 받게 된다. 모르고 범죄한 자는 적게 맞을 것이고, 알고도 범죄한 자는 더 많이 맞게 될 것이다. 이처럼 야고보는 선생에게 있어서 '말의 중요성'과 함께, 말만 하고 행동하지 않는 '말의 허구성'을 들어서 선생이 많이 되지 말라고 권고하고 있다. 그래도 선생이 되고 싶은가?

야고보는 '말을 통제하는 것의 어려움'과 함께 말을 통제할 수만 있다면 '온전한 사람'이 된다고 말하고 있다. "우리가 다 실수가 많으니 만일 말에 실수가 없는 자라면 곧 온전한 사람이라 능히 온 몸도 굴레 씌우리라"(약 3:2). 우리는 실수가 많다. 행동과 업무와 인간관계와 가정생활과 자녀교육 등 모든 면에서 실수한다.

그래서 우리는 '온전한 사람'이라는 목표를 세우고 각고의 노력을 기울인다. 공부를 많이 하기도 하고, 지위를 높이려 몸부림치기도 하고, 몸을 건강하게 만들려고 운동을 하기도 하며, 물질을 많이 모아두기도 하는 등 다각도로 애를 쓴다. 모든 것을 잘하기는 어렵다. 하지만 온전한 사람이 되는 방법으로 야고보는 단 한 가지 길을 제시한다. 간단해서 얼마나 좋은가! 그런데 그 길은 '말을 실수 없이 하는 것', 즉 '말을 잘하는 것'이다. 말만 잘해도 다른 부족한 것을 보완할 수 있다. 하지만 다른 모든 것을 다 잘해도 말 하나 잘못하면 모든 것이 허사가 된다. 온전한 사람은 말을 조심하는 자, 말을 잘 사용하는 자다. 온전한 사람이 될 수 있는 길은 '말 말말'이다. 물건의 수준이나 등급을 의미하는 '품격 품(品)'은 입 구(口)가 세 개 벌려져 있는 회의 문자다. 말이 쌓이고 쌓여 사람의 품격이 된다. 평소 말을 한 마디 한 마디 신경 써서 할 때 품격 있는 사람이 된다. 말에도 품격이 있는데, 그런 품격 있는 단어와 어휘와 개념과 문장을 사용할 때 품격 있는 사람이 된다.

말과 관련된 사자성어가 있다. 이청득심(以聽得心)은 '들음으로써 마음을 얻는다'는 뜻으로, 타인의 말을 경청하고 받아 주면 그의 마음을 얻는다는 의미다. 하나님의 마음을 얻기 위해서는 하나님의 말씀을 경청해야 한다. 아이들이나 배우자의 마음도 동일하다. 과언무환(寡言無患)은 '말이 적어지면 근심이 없다'는 뜻으로, 근심 없이 살려면 침묵하거나 말을 적게 하라는 의미다. 언위심성(言爲心聲)은 '말은 마음의 소리'라는 뜻으로, 우리 마음이 말로 다 드러나기 때문에 말을 들어 보면 그 사람의 마음 상태와 내면 상태를 진단할 수 있다는 의미다. 한자 문화권에서 사자성어로 말을 표현했다면 야고보는 여러 가지 비유를 통해 말을 설명하고 있다. 야고보는 일곱 가지 비유를 제시한다. 이렇게 연속 비유가 나오는 것은 중요한 것을 강조하기 위해서다. 예수님께서도 천국이나 종말 결산이나 잃은 것을 찾는 하나님의 행동을 강조하기 위해 비유를 연거푸 사용하셨던 적이 있다.

야고보는 먼저 말(言)의 긍정적인 측면을 비유를 들어 설명한다. "우리가 말들의 입에 재갈 물리는 것은 우리에게 순종하게 하려고 그 온 몸을 제어하는 것이라 또 배를 보라 그렇게 크고 광풍에 밀려가는 것들을 지극히 작은 키로써 사공의 뜻대로 운행하나니"(약 3:3-4). 주로 교통수단이나 운송수단과 관련된 비유를 들고 있다. 사람들은 말(馬)의 힘을 사용하기 위해 굴레를 씌우고 재갈을 물려 사람의 통제를 따르게 했다. 말의 몸에는 굴레를 씌우고 입에는 재갈을 물린다. 그렇게 되면 말이 사람의 통제에 따르게 되는데 심지어 어린아이도 거대하고 힘센 말을 제어할 수 있게 된다. 그 강력한 마력(馬力)을 인간이 유용하게 활용할 수 있게 되는 것이다. 물론 야생마나 미숙련 말을 길들이는 데에는 많은 수고가 들어간다. 하지만 통제만 할 수 있다면 말로 인해 얻는 유익은 무수하다. 말(馬)도 사람의 말을 알아듣게 되면 온몸이 따라 움직인다. 인류 문명이 오늘날까지 발전해 온 데에는 제어된 소와 말의 힘이 있었음을 부인할 수 없다.

배의 비유도 동일하다. 배를 활용한 해운은 육지 운송과는 비교할 수 없이 거대하다. 당시는 육지를 이용한 교통이나 운송보다 바다를 통한 것이 풍력을 동력으로 이용할 수 있다는 측면에서 훨씬 요긴했다. 망망대해를 운항하기 위해 배도 거대해지지만, 결국 중요한 문제는 배의 통제다. 배의 동력으로 자연력인 풍력을 사용하든, 인력이나 원동기를 사용하든, 중요한 점은 방향 통제를 잘해야 한다는 것이다. 각 배에는 방향타, 즉 키가 달려 있다. 키는 비록 작지만, 배에서 제일 중요한 역할을 한다. 키를 통해 가고자 하는 방향으로 뱃머리를 돌린다. 키를 통해 배에 전달되는 추동력을 적절하게 조절하기도 한다. 만약 키가 없거나 키가 고장 나면 그 배는 표류, 좌초, 파선 등 해양사고를 당하게 될 것이다. 협곡이나 거센 강물에서 운행하는 작은 배의 사공도 작은 노를 통해 힘의 균형을 이루고 방향을 통제함으로써 물의 장애를 극복한다. 야고보는 말과 배의 비유를 제시하면서 그것들의 힘과 거대함을 활용할 수 있게 해주는 것이 굴레와 재갈 그리고 키라고 말한다. 작고 사소한 것으로 큰 힘을 통제한다. 그런데 이것을 인간에게 적용하면 '혀' 즉 '말'이다. 온몸의 에너지들이 바른 방향으로 정렬되고 발산되도록 해주는 것이 혀다. 혀는 온몸의 방향을 결정짓는다. 혀가 인생의 방향타다. 인간에게 있어서 바른 방향, 원하는 방향으로 그 힘을 발휘할 수 있도록 해주는 것이 말이다. 인간이 가진 거대한 힘들을 잘 결집해서 유용하도록 인도하는 수단이 바로 언어다. 이처럼 야고보는 언어의 긍정적인 측면을 부각시키고 있다. 말을 순종하게 하거나 배의 키를 숙련되게 다루기 위해서는 많은 훈련과 노력이 필요한 것이 사실이다. 때로는 면허가 필요하다. 사실 이것은 언어를 주신 하나님의 본래 목적이기도 하다. 아무리 값비싼 자동차라도 브레이크가 고장이 났다면 위험한 차다. 브레이크가 온전할 때 명품 차의 성능과 속도가 유익을 주는 것이다. 브레이크 역할처럼 인생의 능력과 가능성을 현실화시켜 주는 것이 바로 언어다. 하나님께서 우리에게 사용하라고 권고하시는 말은 창조적인 말, 긍정적인 말, 사랑의 말, 감사의 말, 격려의 말, 믿음의 말이다.

반면 언어를 앞에서처럼 건설적인 방향으로 사용하지 못할 때 언어는 정반대인 파괴적인 결과를 가져온다(5-8절). 여기서는 불의 비유, 악의 비유, 독의 비유가 나온다. 언어가 오용되면 제일 먼저 불의 파괴적인 재앙을 가져온다. 불은 인류문화를 발전시켜 온 커다란 이기(利器)이지만 통제되지 않은 불은 모든 것을 삼킨다. 작은 불씨가 큰 불이 된다. 성냥 한 개비에서 시작된 불이 온 산을 태워 버린다. 담배꽁초로 인해 큰 화재가 나서 수백 년 된 숲을 소멸시킨다. 수백 년 이어 내려온 인류 문화유산을 잿더미로 만들어 버린다. 이처럼 말은 작을지라도 그것이 몰고 오는 재앙은 엄청나다. 말의 파괴력은 자신만이 아니라 주변에 있는 사람들, 그리고 사회에까지 퍼져나간다. "보라 얼마나 작은 불이 얼마나 많은 나무를 태우는가"(약 3:5). 야고보는 혀가 바로 불이라고 단정한다. "혀는 곧 불이요 불의의 세계라 혀는 우리 지체 중에서 온 몸을 더

럽히고 삶의 수레바퀴를 불사르나니 그 사르는 것이 지옥 불에서 나느니라"(약 3:6). 몸을 덥게 하고 난방을 하는 좋은 불이 아니라, 인생의 자원을 소화(燒火)시켜 버리는 악한 불도 될 수 있다는 말이다. 혀는 불의의 세계다. 타락한 인간의 혀에서 좋은 말이 나오지 않기 때문에 불의한 것이고 하나님의 심판과 징벌이 기다린다. 혀 때문에 우리 영혼육의 온몸이 더러워진다. 이사야는 하나님을 만났을 때 자신의 입술이 부정하고 부정한 입술을 가진 백성 중에 거하기 때문에 망했다고 탄식했다. "그 때에 내가 말하되 화로다 나여 망하게 되었도다 나는 입술이 부정한 사람이요 나는 입술이 부정한 백성 중에 거주하면서 만군의 여호와이신 왕을 뵈었음이로다"(사 6:5). 이렇게 고백할 때에 천사가 제단 숯불을 이사야의 입술에 대며 그를 정결하게 하는 역사가 일어났다.

또한 혀는 삶의 수레바퀴를 불사르게 한다. 말로 인해서 자기 인생길이 막혀 버린 경우가 얼마나 많은가. 말 한 번 잘못해서 평생 쌓아온 것들이 날아가 버린 사람들이 부지기수다. "공든 탑이 무너지랴"라고 하지만, 요즘에는 말 한마디면 공든 탑도 순식간에 무너진다. 최근에는 SNS를 비롯해서 소통 매체가 발전해 있어서 거의 실시간으로 자신의 말이 퍼져나간다. 말 한 마디, 글 한 조각으로 인해 패가망신하는 경우도 많고, 머리를 조아리며 사과해야 하는 경우도 종종 본다. 설화(舌禍)라는 단어는 혀가 불러온 재앙이라는 의미다. 우리 조상들도 세 치 혀가 얼마나 위험한지 간파하고 있었다. 혀는 칼보다 더 날카롭게 자기 몸을 베어 버린다.

이런 불은 이 세상의 불이 아니라 차라리 지옥 불이라고 표현해야 맞을 것이다. 우리는 지옥에서 온 불을 머리에 항상 넣고 다닌다는 점을 망각해서는 안 된다. 지옥에 가면 불이 있는데, 이미 우리 안에도 이런 불이 있다는 사실이 충격적이다. 이 지옥 불이 자기 자신도, 자기 가족도, 자기 공동체도, 온 세상도 지옥처럼 만들어 버린다. 언어를 말이나 배나 불로 비유했는데, 이것들을 지혜롭게 사용하면 사람에게 큰 유익과 힘을 준다. 하지만 잘못 사용하면 큰 사고와 재난을 불러오고 사람들을 망하게 한다. 자신의 삶을 불태울 뿐 아니라 남들도 태운다. 지옥 불이 따로 없다. 혀가 바로 지옥 불이다. 나쁜 말을 하는 사람의 입을 유심히 보라. 거기에서 지옥 불이 나오지 않던가! 사단이 제일 먼저 점령하는 것이 사람의 말이다. 말은 피를 흘리지 않고도 남의 가슴에 깊은 상처를 준다. 외부의 상처는 봉합되고 치유되지만, 말 때문에 마음에 박힌 상처는 오래토록 치유되지 않는다. 말은 인격을 모독하고 죽이는 살인 도구도 된다. 뒷담화나 악성 댓글 등을 보면 알 수 있다.

말의 유용성과 위험성을 함께 언급한 야고보는 말을 통제하는 것이 어렵다는 점을 솔직히 인정하고 있다. 그러므로 우리는 말의 사용함에 있어 늘 겸손해야 한다. "여러 종류의 짐승과 새와 벌레와 바다의 생물은 다 사람이 길들일 수 있고 길들여 왔거니와 혀는 능히 길들일 사람이 없나니 쉬지 아니하는 악이요 죽이는 독이 가득한 것이라"(약 3:7-8). 우리는 돌고래 쇼나 코끼리 쇼, 새쇼 등을 구경할 수 있다. 조련될 것 같지 않던 이런 야생동물도 반복 훈련을 통하여 조련이 되지만, 뜻밖에도 우리 통제 하에 있을 것으로 기대되는 혀는 전혀 그렇지 않다. 야생동물을 길들이는 것보다 더 힘든 것이 사람의 세 치 혀다. 그동안 수많은 사람들이 있었지만, 혀와 관련해서 온전해진 사람이 과연 있을까? 길들여지지 않는 혀는 쉬지 아니하는 악이요 죽이는 독이 가득하다. 독사만 독이 있는 것이 아니라, 독사의 독보다 맹독인 혀의 독이 사람을 물고 죽이고 있다. 혀는 악을 행하는 데 결코 지치거나 피곤해하지 않고 끊임없이 악을 자행한다. 예수님은 이런 혀에 대해서 이미 심판을 선언하셨다. "나는 너희에게 이르노니 형제에게 노하는 자마다 심판을 받게 되고 형제를 대하여 라가라 하는 자는 공회에 잡혀가게 되고 미련한 놈이라 하는 자는 지옥 불에 들어가게 되리라"(마 5:22).

하나님은 인간에게 언어를 주셨는데, 언어를 통해 선과 덕을 이루는 도구로 삼으라는 것이다. 하지만 범죄와 타락과 함께 인류는 그 언어를 악과 죄의 도구로 삼았다. 생명을 증진하기 위해 주신 도구를 생명을 파괴하는 병기로 오용했다. 그래서 언어는 이중적인 성격을 지니게 되었고 기만적인 성향도 갖게 되었다(9-12절). "이것으로 우리가 주 아버지를 찬송하고 또 이것으로 하나님의 형상대로 지음을 받은 사람을 저주하나니"(약 3:9). 찬송이라는 거룩한 용도와 함께 하나님의 형상대로 지음 받은 사람을 저주하여 죽이는 타락한 용도로 사용한다. 하나님을 찬송하던 입과 혀로 어떻게 사람을 저주할 수 있는가? 하나님을 찬양하던 입술이라면 사람들에게 감사와 칭찬과 축복과 격려와 위로를 하는 데 사용되어야 하지 않겠는가. "한 입에서 찬송과 저주가 나오는도다 내 형제들아 이것이 마땅하지 아니하니라"(약 3:10). 내가 보고 깜짝 놀라는 일이 있다. 강단에서 하나님에 대해 거룩하게 말하던 설교자들이 막말을 뱉어내는 것이다. 어떻게 그럴 수가 있는가? 말로 하나님을 높이던 설교자가 타인을 협박하고 정죄하고 저주하고 위협할 수 있는가? 어떤 이유로도 그것은 정당화될 수 없다. 입술에 할례를 받지 못한 사람이다.

야고보는 이처럼 부조리한 인간의 관행, 언어 습관을 '이상한 샘물'과 '이상한 나무' 비유를 통해 통렬하게 공격한다. 이상한 샘물이란 단물과 쓴물을 동시에 내는 샘물이다. "샘이 한 구멍으로 어찌 단물과 쓴물을 내겠느냐"(약 3:11). 자연계에서는 있을 수 없는 일로, 만약 이런 샘물이 있다면 이는 자연의 질서, 창조 질서를 깨뜨리는 것이 될 것이다. 물론 모세는 마라의 쓴물에 나무 즉 십자가를 던져 단물로 바꾸기는 했지만, 이후로는 완전히 변화되어 단물만을 내게 되었을 것이다. 모세의 마라의 물 사건은 하나님의 은혜로 본질이 변화된 생명의 사건이다. 사람도 쓴물을 내뿜던 입술이 은혜를 받아 거룩하고 선한 단물을 내는 입술로 온전히 변화되어야 한다. 야고보가 비유로 말한 이 이상한 샘물은 시시로 단물과 쓴물을 정신없이 내뿜는 혼돈의 샘물일 뿐이다.

또한 이중적인 언어생활을 하는 사람은 자기 열매가 아닌 다른 열매를 맺는 과수에 비견된다. 무화과나무가 감람 열매를 맺거나 포도나무가 무화과를 맺는다면 이것은 제정신이 아니다. 먹을 수 있는 열매라고 다 좋은 것이 아니다. 자연은 콩 심은 데 콩 나고 팥 심은 데 팥이 나게 되어 있다. 창조의 질서는 각각 종류대로 열매를 맺게 되어 있다. 자연계에서는 다른 종류의 열매를 맺는 일은 벌어지지 않는다. 하지만 인간의 언어 즉 혀에서는 이런 일이 벌어지고 있으니 참으로 충격적일 뿐이다. 인간의 혀 특별히 기독교인의 혀는 일관성이 있어야 하고 그 일관성은 하나님의 은혜로 선과 거룩함과 의로움이 지배해야 한다. 혀는 하나님의 은혜에 의해서 제어되어야 한다. 하나님의 창조 질서에 의해 통제되어야 한다.

본문의 교훈은 단순히 혀의 사용이 아니라, 말과 믿음의 관계를 다룬다. 즉 착하고 고운 말을 사용하라는 세속적 차원의 권면 이상이다. 신앙을 가진 자는 신앙에 부응하여 말을 하고 그 말대로 행동하라는 권고다. 하나님이 창조하신 질서에 부응하는 언어생활을 하자는 권면이다. 야고보는 말과 관련해서 우리에게 다양한 요구를 하고 있다. 청행일치(聽行一致) 즉 들은 바대로 행동하라는 것이다. 신행일치(信行一致) 즉 믿는 바대로 행동하라는 것이다. 본문은 그것과 아울러서 언행일치(言行一致) 즉 말한 대로 행동하라는 것이다. 말한 대로 살 수만 있다면 선생이 될 수 있다. 하지만 그럴 자신이 없다면 선생이 많이 되지 말라고 한다. 선생도 말한 대로 살 수 없다면 말하지 말라고 한다. 그 말대로 살 수 있을 때까지 기다렸다가 말하라는 것이다. 자기 검증이 된 것만이 진리다. 예수님을 믿을 때 성령님이 임재하시는데, 성령님은 신자에게 새 방언을 주신다. 새 방언이란 천상의 언어로서의 방언일 뿐만 아니라 성질이 완전히 다른 종류의 언어생활을 의미한다. 우리는 그렇게 천국 언어로 내 인생을 채우고, 인격을 채우고, 아름답고 온전하게 변화되어야 한다. 말이 성화되어야 한다. 온전한 사람이 되고 싶은가? 말에 실수가 없이 하라. 말을 잘 사용하라.

강의 영상

7
하늘로부터 온 지혜

[13]너희 중에 지혜와 총명이 있는 자가 누구냐 그는 선행으로 말미암아 지혜의
온유함으로 그 행함을 보일지니라 [14]그러나 너희 마음 속에 독한 시기와 다
툼이 있으면 자랑하지 말라 진리를 거슬러 거짓말하지 말라 [15]이러한 지혜는
위로부터 내려온 것이 아니요 땅 위의 것이요 정욕의 것이요 귀신의 것이니
[16]시기와 다툼이 있는 곳에는 혼란과 모든 악한 일이 있음이라 [17]오직 위로부
터 난 지혜는 첫째 성결하고 다음에 화평하고 관용하고 양순하며 긍휼과 선
한 열매가 가득하고 편견과 거짓이 없나니 [18]화평하게 하는 자들은 화평으로
심어 의의 열매를 거두느니라 약 3:13-18

금발의 여성이 뉴욕 맨해튼의 한 은행에 들러 대출 담당자를 찾았다. 그녀가 하는 말이 업무상 유럽에 2주간 다녀올 예정인데, 5천 달러(5백만 원)가 급히 필요하여 대출받으러 왔다는 것이다. 담보로는 자신이 타고 온 차, 약 2억 5천만 원 정도 되는 롤스로이스를 맡기겠다고 했다. 직원이 자동차 등록증을 통해 여성의 신상 정보를 확인해 보니 확실했고 신용도 좋았다. 그래서 담당자는 그녀에게 5천 달러를 대출해 주고 그 자동차는 담보로 잡아 은행 지하창고에 안전하게 보관했다. 2주 후에 그 여인이 돌아와서는 대출금 5천 달러와 이자 20달러(2만 원)를 내고 자신의 차량 열쇠를 받고

돌아가려 했다. 이 모습을 지켜보던 한 사람이 그녀에게 물었다. "당신처럼 부유한 사람이 5천 달러가 없어서 명품 차를 맡기고 대출을 받는 것이 의아하네요." 그러자 그녀가 말했다. "뉴욕 맨해튼에서 2주 동안 20달러로 안전하게 차를 맡길 수 있는 곳이 이곳밖에 어디에 있나요?"

야고보서는 '신약의 지혜서'로 불린다. 우리에게 삶의 지혜를 알려 주는 말씀들이 곳곳에 기록되어 있기 때문이다. 구약에서는 잠언이 이런 기능을 담당한다. 하지만 사실 "지혜"라는 단어는 야고보서 전체에 4번밖에 언급되어 있지 않다(1:5, 3:13, 3:15, 3:17). 3번은 이 본문에 나오고 1번은 1장에 나온다. "너희 중에 누구든지 지혜가 부족하거든 모든 사람에게 후히 주시고 꾸짖지 아니하시는 하나님께 구하라 그리하면 주시리라"(약 1:5). 이 구절을 보면 솔로몬 왕이 생각난다. 아버지 다윗을 이어 거대 제국을 물려받았지만, 억조창생(億兆蒼生)을 공정하게 재판하고 나라를 세울 그런 역량은 되지 못했다. 제일 먼저 그는 기브온에서 하나님께 일천 번제를 드렸는데, 하나님께서 무엇을 원하느냐고 무엇이든지 구하는 것을 주시겠다고 했을 때, 솔로몬은 단 한 가지, 지혜를 구하였다. 사실은 이 한 가지에 모든 것이 들어 있다. 솔로몬은 지혜 한 가지를 구하여 모든 것을 얻게 된 사람이다. 그는 하나님으로부터 전무후무한 지혜를 얻게 되었다. 솔로몬이 받았다는 보이지 않는 지혜를 증명하는 사건이 바로 이어 나온다. 소위 친모판결 사건이다. 증거도 증인도 없고 진술의 진위도 알 수 없는 상황에서 솔로몬은 지혜를 발휘하여 진실을 밝혀냈다. 그는 어머니다움에서 길을 찾았다. 과연 누가 어머니인가? 아니 누가 이 아이를 위하여 어머니가 되어야 하는가? 세상 지혜는 죽이는 것이지만 하나님이 주신 지혜는 살리는 것이다. 진짜 어머니는 아기를 살리는 사람이다. 지혜에도 참된 것과 거짓된 것이 있다. 하나님께로부터 난 것도 있고 사람에게 난 것도 있다. 사람에게 배워 얻는 지혜도 있고 하나님이 은사로 주시는 지혜도 있다. 당시 사람들이 알고 추구하던 지혜는 세상적인 지혜였다. 사람들은 이런 지혜를 얻기 위해 많은 공부를 하거나 인생 경험을 늘리려 했다. 옆에서 오는 지혜다. 그레코-로만 시대는 철학적 지혜도 대단한 성과와 영광을 구가하던 때였다. 당시 세계에서 정치와 군사는 로마가, 종교는 히브리가, 문화와 철학은 그리스(헬라)가 지배했다. 철학은 헬라어로 '필로소피아'로 '지혜를 사랑한다'는 뜻이다. 그리스는 고대로부터 철학이 발전된 곳이었고 소크라테스, 플라톤, 아리스토텔레스 같은 철학자들을 배출해 냈다. 그리스의 에피쿠로스 철학과 스토아 철학은 헬레니즘 시대를 지배한 대표적인 철학이었다. 자연철학을 위시하여 다양한 철학 학파가 다양한 철학적 지혜와 지식을 궁구했다. 인류사에서 가장 위대한 철학자들이 이때 등장했으며, 인류 가운데 나올 수 있는 대부분의 철학 사조와 사상이 이때 형성되었다. 철학자들은 참된 지혜인 소피아가 자신들에게 있다고 생각했으며 스스로 지혜롭다고 여겼다. 바울은 아테네에서 이들과 논쟁하며 복음을 전했지만 실제적으로는 몇 사람 외에는 결신자를 얻을 수 없었다(행 17:16-34). 세상적인 지혜를 자랑하는 자들과의 토론과 논쟁과 웅변술로는 바울조차도 그들을 설복시키기 어려운 것이었다. 바울은 이런 철학 사상을 세상의 초등학문이라 말하며, 이는 그리스도를 따르는 것과 무관함을 강조했다. "누가 철학과 헛된 속임수로 너희를 사로잡을까 주의하라 이것은 사람의 전통과 세상의 초등학문을 따름이요 그리스도를 따름이 아니니라"(골 2:8). 이런 시대적인 풍토에서 야고보는 참된 지혜와 거짓된 지혜가 무엇인지, 그리고 참된 지혜를 어떻게 얻을 수 있는지 우리에게 알려 주고 있다.

믿음과 마찬가지로 지혜도 우리 눈에 잘 보이지 않는다. 야보고는 어떤 사람에게 지혜가 있는지, 그리고 그 지혜가 참된 것인지 여부는 행함과 실천을 통해서 알 수 있다고 하였다. 그의 행동을 통해, 그의 삶을 통해 드러나는 것을 보고, 그가 지혜의 사람인지 아닌지 분별할 수 있다는 것이다. "너희 중에 지혜와 총명이 있는 자가 누구냐 그는 선행으로 말미암아 지혜의 온유함으로 그 행함을 보일지니라"(약 3:13). 사람 안에 있는 지혜와 총명은 선행과 온유함과 겸손함을 통해 밖으로 드러난다는 것이다. 진정으로 지혜로운 사람은 선한 삶을 사는 사람, 온유한 삶을 사는 사람, 겸손한 삶을 살아가는 사람이다. 지혜 있고 총명하다고 주장하는 사람은 혀의 자랑으로 끝나서는 안 된다. 아무리 웅변술이 뛰어나다고 해도, 아무리 학식이 많다고 해도, 아무리 훌륭한 선생 밑에서 배웠다고 해도, 선한 행실로서 자신의 지혜를 입증해야 한다. 자신의 행위를 지혜의 온유함으로 입증해야 한다. 선한 행위 자체도 자랑이나, 자만이나, 보이기 위함이 아니라 온유함으로 표현되어야 한다. 여기서 온유함은 곧 겸손이라고 말할 수 있다. 그러나 세상 지혜의 특징은 행동이 없는 위선과 교만과 자랑에 있다.

야고보는 두 가지 종류의 지혜가 있다고 구분한다. 땅에 속한 지혜와 하늘에 속한 지혜다. 야고보는 지혜의 근원과 함께 지혜의 특징과 지혜의 결과를 언급함으로써, 두 지혜를 대조하고 있다. 땅에서 온 지혜와 하늘에서 온 지혜는 천양지차로 다르다. "그러나 너희 마음속에 독한 시기와 다툼이 있으면 자랑하지 말라 진리를 거슬러 거짓말하지 말라 이러한 지혜는 위로부터 내려온 것이 아니요 땅 위의 것이요 정욕의 것이요 귀신의 것이니"(약 3:14-15). 이 세상으로부터 온 지혜는 시기와 다툼을 일으키고, 세상적인 것들을 자랑하게 하고, 하나님의 진리를 대적함으로써 스스로 거짓임을 드러낸다. 그들의 열매를 보아 나무를 알 수 있다. 시기와 다툼과 혼란과 거짓과 정욕과 악함의 열매를 맺는 나무는 세상의 지혜다. 당시 그레코-로만 문화권에 사는 사람들은 탁월한 스승 밑에 들어가 그들의 지혜를 익혔는데, 그 얻은 지혜로 세상의 재물과 권력과 명성과 인기라는 열매를 맺었다. 이것도 세상의 지혜다. 본질적으로 사람들이 열광하던 이런 지혜는 참된 지혜가 아니다. 이런 지혜를 익히는 과정에서 상당한 기간과 경비와 정력이 소모되었겠지만, 그 본질은 '땅 위의 것'이며 '정욕의 것'이며 '귀신의 것'일 뿐이다. 이 세상의 지혜는 너무나 세속적이고 감각적이고 사탄적인 것에 뿌리를 두고 있다. 이런 지혜로는 참된 행복과 영원한 생명을 얻지 못한다. 오히려 혼란과 번민과 허무함을 더하고 종국에는 죽음으로 끝난다. 하지만 당대인들은 영안이 닫혀 있었기 때문에 그 본질을 파악하지 못한 채 세상적 유익을 가져다주는 이런 지혜야말로 참된 지혜라고 굳게 믿고 찬양해 마지않았다. 야고보서 말씀은 이 세상의 지혜를 잘 분별할 필요성이 있음을 알게 해준다. 세상에서 지혜롭다고 하는 것, 세상에서 가르치는 학문이 '우리를 어떤 사람이 되게 만드는가' 혹은 '어떤 결과를 만들어 내는가' 하는 점을 반추해 볼 필요가 있다. 얼마 전에 이런 제목의 글을 본 적이 있다. "한국 엘리트는 상한 나무에 썩은 열매다." 우리가 우러러보는 명문 학교를 나온 사람들이 이루어 놓은 결과를 보면 결국 이런 말을 할 수밖에 없다는 것이다. 모든 범죄와 큰 사건의 중심에는 소위 엘리트라고 생각했던 사람이 있다는 것이다. 세상이 가르치는 지혜, 세상이 찬양하는 지혜는 바로 이런 악독한 열매를 맺는다. 이런 지혜는 땅 위의 것(worldly)이고, 정욕적인 것(unspiritual)이며, 귀신의 것(devilish)이다.

"시기와 다툼이 있는 곳에는 혼란과 모든 악한 일이 있음이라"(약 3:16). "시기와 다툼"이 발생한다는 것 자체가 그 지혜가 하늘에서 오지 않았음을 증명하는데, 이번에는 그 결과도 함께 보여 주고 있다. "혼란"과 "모든 악한 일"이 뒤따른다는 것이다. 시기(헬, 젤로스)는 본래 열(熱)과 관련 있는 단어로서 열정, 열심, 경쟁, 질투, 시기라는 다양한 의미를 갖고 있다. 시기하는 사람은 다른 사람의 행복을 불쾌하게 생각한다. 불쾌하게 여길 뿐만 아니라 불만의 불로 자기 내면을 가득 채워 견딜 수 없게 만든다. 그 불을 끄기 위해 그 사람을 자기나 타인과 끊임없이 비교하고 그를 깎아내린다. 그래야 직성이 풀리고 마음의 불이 안정되는 듯하다. 누군가가 그를 칭찬하면 "그게 아니라…", "사실은 말이야…", "네가 몰라서 그러는데…"라고 하면서 상대를 반드시 낮추어야 한다. 상대방이 나보다 열등하게 인식되어야 내가 산다. 시기는 감정적인 격동만이 아니라, 때로 명석한 기억력과 탁월한 분석력과 유려한 표현력이 필요하기도 하다. 그런데 시기하는 자는 그렇게 좋은 머리와 그렇게 좋은 문장 실력을 갖추고도 남을 비방하는 무익한 일에 사용하니 안타까울 뿐이다. 시기를 발산할 때는 잠시 평정을 되찾는 것 같지만 내면의 불이 그를 갉아먹고 만다. 시기는 무의식 속에서 끊임없이 그와 '경쟁'하게 만들기 때문에 스스로를 지치고 피곤하게 만든다. 시기는 이유 없는 피로, 풀리지 않는 피로를 가져다주기도 한다. "평온한 마음은 육신의 생명이나 시기는 뼈를 썩게 하느니라"(잠 14:30). 다윗을 시기하는 사울을 보라. 사울은 자기를 도울 다윗을 대적으로 만들고 그를 죽이기 위해 시간과 정력을 낭비한다. 그러다가 스스로 죽는다. "분노가 미련한 자를 죽이고 시기가 어리석은 자를 멸하느니라"(욥 5:2). 사울은 백성들이 "사울이 죽인 자는 천천이요 다윗은 만만이로다"(삼상 18:7)라고 말하는 것을 듣고 다윗을 미리 죽여야 자신의 왕권의 안정을 지킬 수 있다고 생각했는지 모른다. 이것이 지혜라고 생각했는지 모른다. 그러나 모사를 꾀하고 시기를 일으키는 지혜는 확실히 마귀적이다. "다툼"(헬, 에리데이아)은 진리를 추구하는 싸움이 아니라, 당을 짓고 파벌을 만들어 자기편의 유익을 도모하기 위해 음모와 쟁투를 벌이는 것을 말한다. 다툼은 '파벌주의', '엘리트주의', '진영 논리'와 맥락을 같이 한다. 다툼을 하는 과정에서 진리와 타인은 짓밟혀지고 오직 자기 유익, 이기적인 욕망만 넘실댄다. 아리스토텔레스는 다툼을 "부당한 수단을 사용해서 정치적 입지를 이기적으로 추구하는 행위"라고 규정했다. 그런 다툼을 잘하도록 음모를 꾸미는 지혜, 진영을 교묘히 감싸는 지혜가 있다고 해도 자랑하지 말라. 그런 지혜는 하늘에서 내려온 지혜가 아니기 때문이다. 시기와 다툼이 있는 곳에는 혼란과 모든 악한 일들이 발생하게 된다. "혼란"(헬, 아카타스타시아)이란 '무질서함'과 아울러 '변덕스러움'의 의미를 지닌다. 땅의 지혜를 받은 자들은 일관성이 없다. "그때는 그때고 지금은 지금이다"라는 식의 논리를 전개하기 때문에 시류에 따라 표변한다. 이것이 정치권에서 벌어지는 내로남불이다. 그들의 다양한 세계관과 가치체계, 선악의 체계가 뒤죽박죽이다. 그래서 공동체가 혼잡하고 어지러워진다. 그 결과로 악한 일들, 더러운 일들, 사악한 일들이 벌어져서 공동체를 분열시키고 와해시키고 파괴시킨다.

이처럼 하늘에서 오는 지혜가 아닌 세상으로부터 오는 지혜는 부정적인 결과를 가져올 뿐이다. 앞에서도 말한 바와 같이 이런 지혜는 땅 즉 세속과 관련되어 있고, 육신적이며 이기적인 성향을 가진 정욕의 것이며, 마귀의 것 즉 마귀에게 영감을 받은 지혜다. 이런 지혜는 땅에서 와서 인간을 거쳐 공중의 마귀에게로 올라가는 상향적 움직임을 보인다. 이것은 우골탑 내지는 바벨탑을 쌓는 것이다. 이것이 바벨의 문화와 바벨의 철학이 아닌가. 이런 지혜는 언어를 혼란스럽게 만들고, 결국은 자기와 타인과 공동체를 파괴하고 혼돈에 빠뜨려 뿔뿔이 헤어지게 만든다.

이제 야고보는 정반대 방향에서 오는 지혜를 설명해 주고 있다. 앞에서와 마찬가지로 지혜의 근원, 지혜의 특징, 지혜의 결과를 차례로 설명하고 있다. "오직 위로부터 난 지혜는 첫째 성결하고 다음에 화평하고 관용하고 양순하며 긍휼과 선한 열매가 가득하고 편견과 거짓이 없나니"(약 3:17). 두 번째 지혜는 "위로부터 난 지혜"다. 이것은 무엇인가? 하늘로부터 하나님이 주시는 지혜다. 인간의 능력이 아니라 하나님이 주시는 은혜다. 하나님이 주시는 말씀이다. 하나님이 주시는 영감이다. 성령이 은사로 주시는 지혜다. 성령의 지혜다. 분명 이런 지혜는 하늘에 뿌리와 근거를 두고 있다. 땅 위의 것, 정욕의 것, 귀신의 것과는 기원이 완전히 다르다. 야고보는 위로부터 오는 지혜의 특성을 서술한다. "성결", "화평", "관용", "양순", "긍휼과 선한 열매가 가득" 그리고 "편견과 거짓 없음"이다. 편견과 거짓은 세상의 지혜였는데 정반대의 것들이 주어진다. 하나님이 주시는 지혜는 '첫째 성결하고 다음에 화평'하다. 내가 삶의 모토로 삼고 있는 히브리서 12장 14절 "모든 사람과 더불어 화평함과 거룩함을 따르라 이것이 없이는 아무도 주를 보지 못하리라"에서는 "화평함"이 "거룩함"보다 먼저 나온다. 하지만 야고보는 화평보다는 거룩 즉 성결을 앞세우고 있다. "화평"과 "거룩" 모두 반드시 있어야 하는 것이지만 순서는 야고보가 논리적으로 더 정확하다. 성결이 먼저 이루어져야 화평도 온전해진다. 거룩함이 없는 평화는 거짓 평화다. 마치 정의가 없는 평화가 거짓 평화인 것처럼. 세상의 지혜도 때로는 "평화, 평화"를 말한다. 그러나 성결이 전제되어 있지 않기 때문에 거짓 평화가 된다. 하늘로부터 오는 지혜의 특징은 첫째가 성결이다. 하나님이 내게 지혜를 주셨다면 내가 먼저 하나님 앞에 거룩하고 성결하게 살아야 한다. 그래야 먼저 하나님과 평화를 누릴 수 있다. 성결은 내가 죄를 이기는 능력이요, 다른 사람을 정결하게 하는 능력이다. 우리는 비록 실수와 허물이 있더라도 마음의 성결, 즉 의도의 순수성을 지녀야 한다.

두 번째가 화평이다. 세속적인 지혜는 질시와 파벌과 싸움을 만들어 내지만, 하나님의 지혜는 사람을 화목하게 만든다. 하나님의 지혜는 남을 깎아내리고 공격하는 것이 아니라 이해하고 감싸주는 능력이 있다. 하나님께 지혜를 받았다고 하면서 남을 비난하고 공동체를 분열시키는 말이나 행동을 하는 것은 올바른 태도가 아니다. 하나님의 지혜는 하나님과 화목하게 하고, 자신과 화목하게 하며, 다른 사람들과도 화목하게 한다. "화평하게 하는 자는 복이 있나니 그들이 하나님의 아들이라 일컬음을 받을 것임이요"(마 5:9). 하나님의 자녀는 화평하게 하는 지혜를 하나님께서 주시기 때문에 이런 역할을 할 수 있다.

다음이 관용이다. 다른 사람을 인정하고, 서로 다름도 용납하는 여유다. 내 생각과 다르다고 다 틀린 것이 아니다. 내 생각대로 안 된다고 고집을 부리거나 독선적으로 행동하지도 않는다. 다른 사람의 입장에서 생각해 보는 지혜다.

그다음은 양순이다. 양순에는 순종이라는 뉘앙스가 들어가 있다. '순종을 잘하는' 태도로 다른 사람의 의견을 인정하며 받아들이고, 합당한 권위에 대해서 기꺼이 순종하는 것을 의미한다. 양순한 가축은 목자가 인도하기 쉬운 특징이 있다.

그다음은 긍휼과 선한 열매다. 긍휼은 벌을 받아 마땅한 벌을 면해 주거나 용서하는 마음을 갖는 것이다. 혹은 가련한 처지의 사람을 동정하는 마음이다. 여기까지 보면 위로부터 난 지혜, 하나님이 주시는 지혜는 바울이 말한 성령의 아홉 가지 열매와 유사하다. "오직 성령의 열매는 사랑과 희락과 화평과 오래 참음과 자비와 양선과 충성과 온유와 절제니"(갈 5:22-23). 하나님이 위에서 지혜를 내려 주셨다면 그 지혜는 성령께서 만드시는 열매와 동일할 수밖에 없다. 하늘에서 하향으로 내려오는 지혜는 내게 와서 나의 내면과 성품을 변화시키고 내 삶에서 이런 좋은 열매를 맺도록 해준다. 좋은 일을 만들어 내는 탁월한 생산력을 지닌 것이다. 이럴 때 참 지혜를 받았다고 인정받을 수 있다. 스스로 지혜롭다고 생각하는 사람은 자신이 이런 열매를 맺고 있는지 성찰해야 한다. 우리는 이런 지혜를 달라고 솔로몬처럼 하나님께 간구해야 한다.

위로부터 난 지혜에는 두 가지가 없다. 편견과 거짓이다. 편견(prejudice)이란 부분만 알고 있으면서 모든 것을 다 알고 있는 것처럼 구는 태도다. 세상에서 주는 박사학위는 한 분야에 대해서 주는 것이지, 모든 분야에 대해서 주는 것이 아니라는 말이 있다. 인간은 이 광대한 우주와 인간사를 다 알 길이 없다. 내가 알고 내가 생각한 것만이 전부가 될 수 없다. 다른 관점에서 볼 수 있어야 온전한 앎을 얻는데 인간은 그렇지 못하다. 편견을 지닌 사람은 자기가 보고 싶은 것만 보고, 자기가 아는 것만 보는 확증 편향(confirmation bias)에 빠지기도 한다. "거짓"은 영어로 favoritism이라고도 말하는데 편애 또는 편파라고 번역된다. 사람이든 사실이든 한쪽 편만 취하는 것이다. 그러니 온전한 시각을 가지지 못한다. 위로부터 난 지혜는 위선과 가식이 없는 진실이다.

위로부터 온 지혜와 땅에서 온 지혜가 왜 이렇게 특징도 다르고 열매도 다를까? 그것은 세계관이 다르기 때문이다. 지혜에는 가치관과 세계관이 담겨 있다. 세속적인 세계관과 성경적 세계관은 기원과 특징과 결과에 있어서 판이하게 다르다. 우리가 거듭날 때 우리가 지금까지 가지고 있었던 지식과 지혜도 기독교적 세계관으로 세례를 받아야 한다. 땅에서 온 지혜는 재물과 명예와 권력과 인기와 향락을 최고의 가치로 추구한다. 이것을 얻기 위해 공부하고 경쟁하고 남을 시기하고 파당을 짓고 다툰다. 위로부터 내려온 지혜는 하나님이 주신 지혜인데 성결과 평화와 화목과 관용과 용서를 최고의 가치로 추구한다. 하나님을 믿는 우리가 세상의 가치를 따라가고 그것을 얻기 위해서 세상의 지혜를 추구한다면 우리는 위선자가 된다. 하나님의 사람이 아니라 여전히 세상 사람이다. 하나님의 지혜의 가르침 대신 세상의 지혜의 가르침을 따라가면 신앙생활이 혼란에 빠지게 된다. 자녀들을 교육하는 것도 어떤 세계관에 기초하느냐가 중요하다. 세속적인 가치에 기반한 유물론적인 교육은 자녀들의 심성과 영혼을 위험에 빠트린다. 자녀들 교육을 학교와 학원에만 맡기지 말고 교회와 가정이 나서서 대안 내지는 보완교육을 실시해야 한다. 세상의 지혜를 가르치는 파괴적인 교육에서 하나님의 지혜를 가르치는 창조적인 교육으로 변화되어야 한다. 세속적인 지혜는 성경적인 지혜로 세례를 받아야 한다.

세상의 지혜는 하나님의 지혜를 어리석다고 보지만, 바울은 세상의 지혜와 하나님의 지혜를 대조하여 이렇게 말한다. “그러나 우리가 온전한 자들 중에서는 지혜를 말하노니 이는 이 세상의 지혜가 아니요 또 이 세상에서 없어질 통치자들의 지혜도 아니요 오직 은밀한 가운데 있는 하나님의 지혜를 말하는 것으로서 곧 감추어졌던 것인데 하나님이 우리의 영광을 위하여 만세 전에 미리 정하신 것이라”(고전 2:6-7). 세상의 지혜는 곧 사라지는 것이지만 창세부터 감추어진 하나님의 지혜는 영원하며, 생명과 구원을 주는 지혜다.

야고보는 마지막으로 위로부터 온 지혜의 결과를 제시한다. “화평하게 하는 자들은 화평으로 심어 의의 열매를 거두느니라”

(약 3:18). 예수님은 산상수훈에서 "이와 같이 좋은 나무마다 아름다운 열매를 맺고 못된 나무가 나쁜 열매를 맺나니"(마 7:17)라고 말씀하셨다. 그 열매를 보아 나무를 알 수 있다. 당신이 화평한 삶으로 의의 열매를 맺는다면 위로부터 온 지혜대로 살아가고 있는 것이다. 하나님이 주신 거룩한 지혜로 살아가고 있는 것이다. 이처럼 참 지혜와 거짓 지혜는 성품, 행실, 열매의 형태로 각각 나타난다. 땅에서 온 지혜는 시기, 다툼, 자랑, 편견, 거짓 등 부정적 열매를 맺는다. 그 성격이 세상적, 정욕적, 마귀적인 지혜이기 때문이다. 반면 위로부터 난 지혜는 성결, 화평, 관용, 양순, 긍휼, 선한 열매, 의의 열매를 맺는다. 하늘로부터 오는 하나님의 지혜이기 때문이다.

앞 단락(3:1-12)에서 선생의 혀에 대한 이야기를 했는데, 본문은 그 혀를 사용한 지혜에 대해 이야기한다. 혀를 통해 표현되는 두 종류의 지혜를 말하고 있는데, 어떤 혀는 화평을, 어떤 혀는 다툼을 일으킨다. 말쟁이들의 말을 들어보고, 글쟁이의 글을 읽어 보라. 그리하면 그 열매를 보게 될 것이다. 그것이 세상의 지혜인지 하나님의 지혜인지 알게 될 것이다. 혀는 결국 선생이라고 할 수 있다. 위로부터 내린 지혜를 소유하고 가르치는 선생이 있는 반면에, 땅의 지혜를 가지고 가르치는 선생이 있다. 선생이라는 타이틀은 같지만, 그 미치는 결과는 완전히 다르다. 세상 지혜는 자신을 드러내고 자랑하고 다른 사람은 깎아내리면서 분열을 일으키지만, 하나님 지혜는 믿음의 지혜이고 겸손의 지혜이기 때문에 의의 열매를 맺고 하나님의 축복을 가져온다. 하늘의 지혜가 없는 자는 선생이 되지 말아야 한다. 선생은 혀로만이 아니라 행실로 가르치는 사람이다. 선생이 될 수 있는 사람은 평화를 만드는 사람이다. 하늘의 지혜로 선한 열매를 맺을 수 있는 자만이 선생이 되어야 한다. 어떻게 지혜로워질 수 있는가? 하나님의 말씀을 읽고 위로부터 임하는 지혜를 간구하라. 하나님이 감동을 주시는 대로 행동으로 옮겨라.

강의 영상

8
싸움과 다툼의 기원

1너희 중에 싸움이 어디로부터 다툼이 어디로부터 나느냐 너희 지체 중에서
싸우는 정욕으로부터 나는 것이 아니냐 2너희는 욕심을 내어도 얻지 못하여
살인하며 시기하여도 능히 취하지 못하므로 다투고 싸우는도다 너희가 얻지
못함은 구하지 아니하기 때문이요 3구하여도 받지 못함은 정욕으로 쓰려고
잘못 구하기 때문이라 4간음한 여인들아 세상과 벗된 것이 하나님과 원수 됨
을 알지 못하느냐 그런즉 누구든지 세상과 벗이 되고자 하는 자는 스스로 하
나님과 원수 되는 것이니라 5너희는 하나님이 우리 속에 거하게 하신 성령이
시기하기까지 사모한다 하신 말씀을 헛된 줄로 생각하느냐 약 4:1-5

야고보는 3장의 마지막에서 평화에 대해 이야기했다. "화평하게 하는 자들은 화평으로 심어 의의 열매를 거두느니라"(약 3:18). 그런데 야고보는 4장에 들어서자마자 정반대인 싸움, 다툼, 전쟁에 대해 언급하고 있다. 우리는 평화를 원하지만 실상은 전쟁 중이다. 말하자면 야고보는 "전쟁과 평화"를 말하고 있다. "너희 중에 싸움이 어디로부터 다툼이 어디로부터 나느냐 너희 지체 중에서 싸우는 정욕으로부터 나는 것이 아니냐"(약 4:1). 평화와 전쟁은 기원이 다르다. 평화는 하늘에서부터 내려오는 반면, 전쟁은 땅에서부터 온다. 즉 싸움은 인간의 정욕으로부터 생겨난다는 것이다. 야

고보는 다툼과 싸움의 기원을 "너희 지체 중에서"라고 표현했다. 즉 싸움과 다툼은 우리 내면에서, 우리 가족 안에서, 우리 교회 안에서, 우리 직장 안에서, 우리나라 안에서 발생하고 있다는 것이다. 우리 몸은 많은 지체로 구성되어 있는데, 백체(百體)가 서로 협력해야 살 수 있다. 그런데 만약 협력해야 할 손과 발이 싸우게 된다면 어떻게 될까? 우리 몸에서 손과 발이 싸우는 일이 일어날 수 있는가? 간혹 치아가 음식물을 씹다가 혀까지 깨무는 경우에도 몸 전체가 큰 고통에 휩싸이게 된다. 혀를 깨문 뒤에 사람은 음식물을 씹을 때 더욱 조심해서 혀와 치아의 움직임을 조율하려 한다. 이처럼 한 몸은 서로 싸우면 안 되는 것이다. 이것이 창조 질서요 원칙이다.

하지만 안타깝게도 우리 삶에는 내부 싸움, 즉 지체 간의 싸움이 무수히 존재한다. 친밀하게 한 몸을 이룬 부부간에도, 가장 화목해야 할 가정에서도 구성원 간에 싸움이 있다. 그리스도의 몸으로서 화목하고 하나 되어야 할 교회 공동체에서도 싸움과 다툼이 빈번하게 일어난다. 나라 안에서도 이런 일들이 비일비재하다. 하지만 이런 싸움은 백해무익(百害無益)하다. 싸워봤자 자기 몸이 아닌가. 이런 싸움은 이겨도 진 것이요 져도 진 것이다.

이겨도 지는 싸움의 대표 사례는 부부 싸움이다. 아내와 싸워서 이겨봤자 결과는 고통뿐이다. 아내가 그 집을 지옥으로 만들 것이기 때문이다. 자식과 싸워 이겨도 지는 것이다. 아이들이 상처받고 기가 죽을 것이기 때문이다. 목사와 싸워 이겨도 지는 싸움이다. 설교 말씀의 은혜를 전혀 받지 못할 것이기 때문이다. 더구나 하나님과 싸워 이겨도 지는 싸움이다. 지옥에서 살게 될 것이기 때문이다. 그런데 인간들은 이처럼 아무 소용도 없는 싸움을 왜 하는 것인가? 야고보는 우리 안에 "싸우는 정욕"이 있기 때문이라고 그 이유를 규명하고 있다. 정욕, 즉 욕심 때문이라고 한다. 그 정욕은 서로 비교하고 경쟁하고 다투게 만든다. 모든 싸움과 다툼과 불화의 원인은 마음속에 있는 이기적인 욕심에서 비롯되는 것이다.

이것은 죄가 인류와 세상 가운데 어떻게 들어왔는지를 보여주는 창세기를 보면 이해가 된다. 하와가 하나님께서 금지하신 금단의 열매 선악과를 본 순간, 그녀의 마음에는 "먹음직도 하고 보암직도 하고 지혜롭게 할 만큼 탐스럽기도 한" 나무처럼 보였고, 하나님처럼 되고자 하는 욕심이 발동하여 아담과 함께 선악과를 따먹고 말았다. 타락 후 하나님이 그 이유를 추궁하시자 "내 뼈 중의 뼈요 살 중의 살"이라고 하와를 묘사했던 아담은 "하나님이 주셔서 나와 함께 있게 하신 여자 그가 그 나무 열매를 내게 주므로 내가 먹었나이다"라고 하면서 책임을 하와에게 전가했다. 조금 전까지 하와와 의기투합했던 아담은 문제가 커지자 선을 긋고 아내를 비난하는 모습을 보인다. 이는 자기를 보호하려는 욕심으로 연약한 아내를 공격하는 것이다. 형제지간은 가장 친근하고 가까운 사이임에도 불구하고 가인과 아벨 사이에 불화가 생겨 형 가인이 아벨을 쳐 죽이고 말았다. 그 까닭은 무엇인가? 내가 하나님을 독점하고 싶다는 독점 의식, 동생보다 못할 수 없다는 비교의식과 경쟁의식이 가인의 마음을 지배했기 때문이다. 가인의 정욕이 동생 아벨과 다투게 했고, 결국 아벨을 죽이게 했다. 바벨탑 사건도 알고 보면, 우리 공동체가 다른 공동체보다 더 월등하고 더 높은 자리에 올라가 패권을 차지해야 한다는 정욕과 상승욕구 때문에 생긴 것이다. 그러나 하나님의 징계를 받아 사람들이 지면에 뿔뿔이 흩어지는 정반대의 결과를 맞고 말았다.

이처럼 모든 죄, 모든 분쟁, 모든 다툼, 모든 싸움, 모든 전쟁의 뿌리에는 인간 내면에 있는 욕심 즉 정욕이 있는데, 궁극적으로 이 싸움은 영적이라고 할 수 있다. 우리 마음의 근본적 지향(指向)에 따라 나타나는 현상이라는 뜻이다. 바울의 표현을 빌리자면 우리는 영적으로 살 수도 있고 육적으로 살 수도 있다. 그런데 '영이냐 육이냐'에 따라 우리의 영원한 운명이 달라진다. "육신을 따르는 자는 육신의 일을, 영을 따르는 자는 영의 일을 생각하나니 육신의 생각은 사망이요 영의 생각은 생명과 평안이니라 육신의 생각은 하나님과 원수가 되나니 이는 하나님의 법에 굴복하지 아니할 뿐 아니라 할 수도 없음이라 육신에 있는 자들은 하나님을 기쁘시게 할 수 없느니라"(롬 8:5-8). 앞 단락에서 지혜를 말할 때, 야고보는 지혜에도 두 가지 종류가 있는데 하늘에서 온 지혜가 있고 땅에서 온 지혜가 있다고 했다. 하늘에서 온 지혜는 평화라는 열매를 맺지만, 땅에서 온 지혜는 전쟁과 다툼을 일으킨다. 싸움과 다툼의 기원은 위의 것이 아니라 아래의 것, 상세히 구별하자면

'땅 위의 것'이요 '정욕의 것'이요 '귀신의 것'이다. 이런 것들과 인간의 부패한 욕망들이 결합되어 세상을 하나의 거대한 전쟁터로 만든다. 우리 안에는 많은 에너지가 있지만, 부패하고 타락한 인간들은 이것을 선용하지 못한 채 말다툼과 육체적인 싸움을 일으키는 데 소진하고 있을 뿐이다.

더구나 신앙생활을 해도 내 안에 처리되지 않은 욕망이 분쟁의 불씨를 지피고 있다. 예수님은 "누구든지 나를 따라오려거든 자기를 부인하고 자기 십자가를 지고 나를 따를 것이니라"(막 8:34)라고 말씀하셨지만, 여전히 우리는 자기를 부인하지 못하고 자기가 살아 있기 때문에 서로 다투고 싸우게 된다. 초록색이 짙은 나무일수록 불이 붙으면 연기가 더 많이 나는 이치와 같다. 바울처럼 "나는 날마다 죽노라"라고 말하거나 "내가 그리스도와 함께 십자가에 못 박혔나니 그런즉 이제는 내가 사는 것이 아니요 오직 내 안에 그리스도께서 사시는 것이라"(갈 2:20)라고 말할 수 있다면 절대로 분쟁의 연기는 일어나지 않을 것이다. 자신의 욕망을 추구하는 데 방해되는 장애물들을 제거하기 위해서 사람들은 주먹을 쓰고, 칼로 찌르고, 총을 쏘았다. 아합과 이세벨은 북조 이스라엘의 집권자들로서 소유에 있어서는 타의 추종을 불허하는 부유한 자들이었지만, 그들의 욕심과 탐욕과 정욕이 고삐 풀린 망아지처럼 날뛰었기 때문에 왕권을 남용해서 나봇을 죽이고 그의 포도원을 빼앗고 말았다. 나봇의 포도원을 차지하려는 탐욕에 수단과 방법을 가리지 않은 것이다.

일반인들은 아합과 같은 전제 권력이 없기 때문에 공권력을 남용해서 남의 것을 빼앗지는 못한다. 대신 일반인들은 그보다 낮은 단계의 수단을 사용하는데, 그것이 바로 싸움, 다툼, 미움, 시기 등이다. 하지만 본문은 하나님은 그런 수단을 승인하지 않으시기에 결코 욕심을 부리는 것을 얻을 수 없다고 말한다. "너희는 욕심을 내어도 얻지 못하여 살인하며 시기하여도 능히 취하지 못하므로 다투고 싸우는도다"(약 4:2). 욕심과 탐욕과 정욕에 경도된 소유 지향적인 삶은 더 많은 것을 원하게 만든다. 이런 삶의 자세는 자족을 모른 채 "좀 더, 더"(more and more)라고 외치게 한다. 솔로몬은 자족할 줄 모르는 것에 대해 궁구하면서 "거머리에게는 두 딸이 있으니 다오(give) 다오(give) 하느니라 족한 줄을 알지 못하여 족하다 하지 아니하는 것 서넛이 있나니 곧 스올과 아이 배지 못하는 태와 물로 채울 수 없는 땅과 족하다 하지 아니하는 불이니라"(잠 30:15-16)라고 말했다. 아무리 많이 주어도 "충분하다"(enough!)라고 말할 줄 모르고 항상 달라고만 부르짖는 자들을 은유한 것이다. 여기에는 욕심에 찌든 사람도 포함될 것이다. 그런 사람들은 욕심을 내면서 다른 사람을 시기하고 심지어 살인까지 해도 얻을 수가 없다. 소유 지향적인 사람은 애를 쓰고 남에게 피해를 끼치면서까지 추구해도 얻을 수가 없다는 것이다. 그런 싸움은 어리석은 싸움일 뿐이다. 남는 것이 하나도 없는 싸움이다.

기독교 가치체계

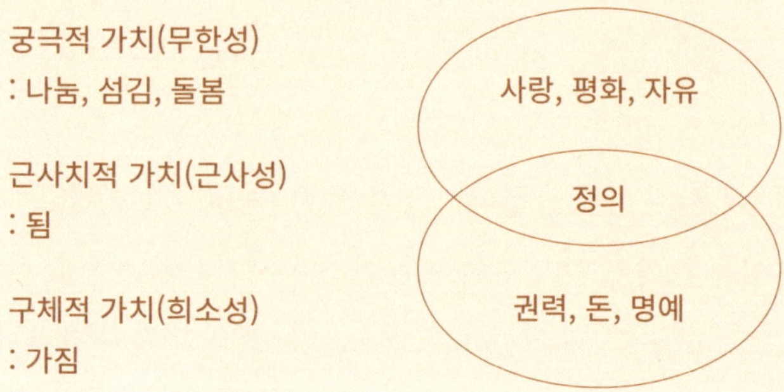

이 그림은 기독교윤리학자 라인홀드 니버(Reinhold Niebuhr)의 이론을 내가 벤다이어그램(Venn diagram)으로 설명하기 위해 그린 기독교의 가치체계다. 하위에는 '구체적인 가치'(concrete value)가 있는데 이것은 인간이라면 누구나 추구하는 기본적이고 도구적이고 구체적인 가치다. 그것은 주로 권력, 명예, 돈 같은 것으로 '가짐의 가치'라고 할 수 있다. 이것을 소유하는 자는 힘(power)을 갖는다. 그래서 사람들은 그것을 갖기 위해서 혈안이 되어 있다. 그런데 이 구체적 가치는 많은 사람이 추구하는 데 반해서 희소성(limited)을 띠고 있다. 구체적인 가치는 한정적인 가치이기 때문에 사람들은 더 많은 것을 차지하기 위해 서로에 대한 경쟁을 계속하게 되어 이 세상은 온통 전쟁터가 된다. 이것이 전부라면 세상은 "레드 오션"(red ocean) 즉 피바다가 될 것이다. 구체적 가치는 그 자체로서 나쁜 것은 아니지만 인간의 정욕과 욕심과 결부되어 나타날 때가 많다. 인생의 목적을 구체적인 가치에 두면 인생의 폭이 좁아지고 때로는 수단과 방법을 가리지 않고 살게 된다. 지금 세속적 세계관은 구체적 가치에 너무 매몰되어 있다. 구체적 가치도 값진 것이기는 하지만 도구적인 가치에 불과함을 깨달을 필요가 있다.

반면 기독교적 세계관은 더 상위에 있는 '궁극적 가치'(ultimate value)를 제시한다. 기독교의 변화 체험을 다른 말로 표현한다면 새로운 가치체계인 궁극적 가치를 받아들이는 것으로, 세계관의 변화를 이끌어낸다. 궁극적인 가치는 주로 구원, 평화, 사랑, 생명, 자유, 행복과 같은 것으로 눈에 보이지 않는 무한성(unlimited)을 특징으로 한다. 이것은 누가 독점할 수 있는 것이 아니라 나눌수록 커지는 것이다. 궁극적 가치는 섬김, 나눔, 돌봄, 사귐의 가치로서, 신앙적으로 말하면 하나님 나라와 의를 구하는 것이다.

구체적 가치는 궁극적 가치를 지향해야 한다. 구체적 가치는 더 높은 가치의 수단이지 그 자체가 목적이 아니다. 만일 구체적인 가치 중 하나인 권력이 또 다른 구체적인 가치인 돈이나 명예를 더 많이 얻기 위해 쓰인다면 그것은 가치의 타락이 된다. 궁극적 가치와 구체적 가치가 만나는 접점에 '근사치적 가치'(approximate value)가 있다. 근사치적 가치의 대표적인 것은 '정의'다. 이 근사치적 가치는 '됨의 가치'라고 할 수 있다. 도구적인 가치인 권력이나 돈이 제대로 사용되기 위해서는 궁극적인 가치를 추구해야 하는데, 그 매개가 되는 것이 근사치적 가치로서의 정의

다. 즉 권력도 정의롭게, 재물도 정의롭게, 명예도 정의롭게 사용될 때에 올바르게 기능하게 된다. 정의는 구체적인 가치가 궁극적인 가치를 위해 쓰일 수 있도록 길잡이 역할을 하는 보이는 척도다. 구체적인 가치에 정의가 결여되어 있으면 가치의 부패 현상이 나타나게 된다. 기독교 가치에 따르면 사랑(love)이 궁극적인 가치요, 정의(justice)가 근사치적 가치요, 권력(power)이 구체적 가치다. 위로부터 사랑-정의-힘의 순으로 된 가치체계를 가지고 살아야 바르게 살 수 있다.

안타깝게도 세상 사람들은 이를 알지 못하기 때문에 왜곡되거나 전도된 가치체계 아래에서 살다 혼돈과 무질서 가운데 빠지고 결국은 파멸하고 만다. 구체적인 가치가 전부인 줄 알고 그것만 쫓다가 서로 싸우고 다투고 상처를 입는다. 그것을 얻는다 해도 헛되고 헛되며 헛되고 헛되니 모든 것이 헛됨을 통감하면서 삶을 마감하게 된다. 궁극적 가치를 추구하면서 살면 '블루 오션'이 되어서 세상이 더 아름다워지고 협력이 가능하지만, 구체적 가치만을 추구하면 피바다에서 서로 치열한 각축을 벌이면서 피 말리는 경쟁의 삶을 살 수밖에 없다. 야고보가 본문에서 말하고 있는 것은 욕심과 살인과 시기로 무엇을 얻으려 하는 신자들의 행동이다. 이런 신자들이 얻고자 하는 것은 결국 구체적인 가치들임을 알 수 있다. 이것은 한정된 가치를 서로 취하려고 하기 때문에 다툼과 싸움이 일어날 수밖에 없는 구조다. 자신의 유익을 위해 남을 희생 제물로 삼는 행위다.

아서 밀러는 「세일즈맨의 죽음」에서 두 가지 질문을 하고 있다. "성공"을 추구할 것이냐, 아니면 "순리"를 추구할 것이냐? 성공과 순리는 서로 다르다. 주인공 윌리 노만은 성공적인 세일즈맨이었지만 그의 말로는 자살이었다. 윌리는 평생 세일즈맨으로서의 자부심을 가지고 살인적인 경쟁의 숲에서 살아남았지만 결국은 자살로 삶을 마감하였다. 순리가 성공보다 중요하다. 인생의 순리는 얼마만큼 소유하고 있느냐, 무슨 직위를 가지고 있느냐로 결정되지 않는다. 인생의 귀한 것들은 획득하거나 소유할 수 있는 것이 아니다. 오직 하나님의 은혜로 주어지는 것이다. 영적인 사람들은 성공하기보다 거룩하기를 열망하고, 세상적인 행복보다 하나님의 뜻대로 살기를 원한다.

야고보는 신자들이 자신들이 원하는 것을 얻지 못하는 이유로 구하지 않기 때문이라고 말하고 있다. "너희가 얻지 못함은 구하지 아니하기 때문이요"(약 4:2). 즉 기도하지 않기 때문이다. 형제들에게 필요한 것이 있다면 부모에게 구하면 되지 자기들끼리 싸우는 것은 바람직하지 않다. 이미 주어진 것만 있는 것이 아니다. 얼마든지 하나님이 새롭게 풍성하게 주실 수 있다. 우리가 원하는 것을 정당하게 얻는 방법은 하나님께 기도하는 것이다. 사람을 향하는 대신에 하나님을 향해야 한다. 대인관계에서 대신관계로 방향을 전환해야 한다. 예수님을 믿는 사람들에게 필요한 모든 것은 하나님께로부터 오기 때문이다. 하나님에게 구할 것을 세상에서 구하고, 사람에게 구하기 때문에 세상에서 다툼과 형제간에 싸움이 일어난다. 하나님이 주실 수 있는 것을 사람에게 구하기 때문에 문제가 발생한다. 우리에게 필요한 것은 효과적으로 싸우는 법이 아니라 바르게 기도하는 법이다.

북조 이스라엘의 아합 왕이 이방 여인 이세벨을 왕비로 삼고 시돈의 바알 신앙을 이스라엘에 도입했을 때(왕상 16:31), 하나님은 엘리야를 통해 그 거대한 이교 물결에 저항하게 하셨다. 하지만 권력에 맞서 고군분투하던 엘리야는 외로운 싸움을 하다가 현상 수배되어 그릿 시냇가로 도피하게 되었다. 거기서는 어떤 생업 활동도 할 수 없는 상황이었다. 도피처를 나가면 정권에 붙잡혀 죽게 되고, 그곳에 남아 있어도 굶주려 죽게 될 뿐이다. 진퇴양난에 처한 엘리야는 오직 하나님께 기도했다. 그랬더니 하나님께서 까마귀를 동원하셔서 아침과 저녁마다 떡과 고기를 물어 엘리야에게 공급하게 하셨다. 까마귀는 통로요 공급자는 하나님이셨다. 그릿 시냇물이 마르자 더 이상 그곳에서 버틸 수가 없게 되었다. 그때 하나님은 엘리야에게 시돈에 속한 사르밧으로 가서 머물면 그곳 과부를 명하여 그를 공궤하겠노라 약속하셨다. 정말 아이러니한 일이다. 지금 시돈 왕 엣바알의 딸로 북이스라엘 아합의 왕비가 된 이세벨을 피하고 있는 엘리야에게 이세벨의 고향으로 피하라는 것이다. 더구나 사르밧에서 만난 그 과부는 재산이 많은 과부가 아니라, 떡 한 줌 만들어 먹고 자식과 함께 막 죽으려던 극빈층 과부였다. 시돈 왕의 딸로서 왕비가 된 이세벨과 외동아들 하나 데리고 사는 가난한 과부의 극단적 대조다. 하지만 하나님은 그 과부에게 복을 주셔서 통의 가루와 병의 기름이 없어지지 않게 하시는 기적을 통해 그 과부 가족도 살리고 엘리야도 공궤하셨다. 이번에도 하나님이 공급자이시지만 공급 통로가 까마귀에서 과부로 바뀌었을 뿐이다. 엘리야를 이렇게 먼 이방 땅까지 보내신 것은 엘리야의 기도뿐 아니라 사르밧 과부의 기도도 동시에 응답하시는 하나님의 섭리다. 하나님은 기도의 짝을 맞추신다. 엘리야는 과부를 통하여 기도가 응답되고, 과부는 엘리야를 통하여 기도가 응답되었다. 이 사건을 통해 우리가 알 수 있는 것은 우리의 필요를 아시고 그것을 적시에 공급하실 분은 오직 하나님뿐이시라는 것이다. 우리의 기도는 바로 그런 것을 구하는 것이어야 한다. 물론 기도가 성숙하면 내 필요와 요구를 하나님께 구하는 단계를 넘어, 하나님이 원하시는 것을 구하는 것으로 바뀌기는 하지만 말이다. 기도의 본질은 우리가 원하는 것을 하나님에게서 얻어내는 것이 아니라, 기도하는 중에 하나님이 원하시는 것을 우리도 원하게 되는 것이다.

내가 원하는 것이든 하나님이 원하시는 것이든, 우리는 기도라는 수단을 통해 그것을 얻게 된다. 우리가 얻지 못하는 것은 기도하지 않기 때문이다. 우리는 세상이 줄 수 있고, 우리의 노력으로 세상에서 얻을 수 있다고 생각하기 때문에 기도하지 않는다. 앞에서 참된 지혜는 세상이 아니라 하나님이 주시는 것이라고 했다. 만약 우리가 위로부터 주시는 하나님의 지혜를 구한다면 싸우고 다툴 필요가 없다. 하나님의 말씀을 찾고, 기도로 구하면 되는 것이다. 그러나 세상에서 얻을 수 있다고 생각하기 때문에 싸우고 다투는 것이다.

산상수훈에서 예수님은 우리가 기도하면 우리의 아버지가 되시는 하나님께서 반드시 주신다고 약속하셨다. "구하라 그리하면 너희에게 주실 것이요 찾으라 그리하면 찾아낼 것이요 문을 두드리라 그리하면 너희에게 열릴 것이니"(마 7:7). 그런데 어떤 경우에는 기도했어도 받지 못하는 경우가 있다. 그렇다면 기도의 내용을 살펴볼 필요가 있다. 기도의 목적과 내용이 하나님의 뜻에 부합해야 한다. 부왕 다윗으로부터 왕좌를 물려받은 솔로몬이 기브온에서 일천 번제를 드리고 하나님께 드린 기도의 내용은 다음과 같다. "나의 하나님 여호와여 주께서 종으로 종의 아버지 다윗을 대신하여 왕이 되게 하셨사오나 종은 작은 아이라 출입할 줄을 알지 못하고 주께서 택하신 백성 가운데 있나이다 그들은 큰 백성이라 수효가 많아서 셀 수도 없고 기록할 수도 없사오니 누가 주의 이 많은 백성을 재판할 수 있사오리이까 듣는 마음을 종에게 주사 주의 백성을 재판하여 선악을 분별하게 하옵소서"(왕상 3:7-9). 솔로몬의 기도는 감사하는 기도요, 겸손한 기도요, 이타적인 기도요, 하나님의 뜻을 성취하려는 기도다. 당연히 이 기도가 하나님의 마음에 부합했다. "솔로몬이 이것을 구하매 그 말씀이 주의 마음에 든지라"(왕상 3:10). 기도를 들으시는 하나님의 마음에 드는 기도를 해야 한다. 예수님도 무엇을 먹을까 무엇을 마실까 무엇을 입을까 염려하지 말고 하나님의 뜻에 따라 기도하라고 하셨다. "그런즉 너희는 먼저 그의 나라와 그의 의를 구하라 그리하면 이 모든 것을 너희에게 더하시리라"(마 6:33).

기도의 동기는 하나님의 뜻을 따르는 것이 되어야지, 자기만족을 위한 욕심으로 구해서는 안 된다. 야고보는 기도해도 응답이 없는 이유가 무엇인지를 밝힌다. "구하여도 받지 못함은 정욕으로 쓰려고 잘못 구하기 때문이라"(약 4:3). 한마디로 '잘못된 기도'는 '정욕적 기도'라는 의미다. '정욕'으로 번역된 헬라어는 '헤도네'로서 '맛있는 것', '즐거움을 주는 것', '육욕', '쾌락'을 의미하는 단어다. '무엇을 먹을까 무엇을 마실까 무엇을 입을까'가 생활필수품을 위한 기도라면, '헤도네'를 위한 기도는 철저히 육적인 욕망을 충족하기 위한 부패된 기도다. 이는 기도의 본질을 철저히 외면하는 처사요, 참된 기도의 자세를 거스르는 것이다. 우상에게 절하며 구하는 자들의 행태를 생각해 보라. 하나님은 우리의 필요를 채워 주지만, 욕심까지 채워 주시지는 않는다. 게다가 육욕까지 채워 주기 위해 일하시지는 않는다. 더러운 욕심을 충족시키겠다는 그릇된 동기의 기도는 절대 응답되지 않는다. 이는 천사들이 보기에도, 믿음의 형제자매들이 보기에도 부끄러운 기도다. "정욕으로 쓰려고"라는 말은 '너희의 정욕 가운데 낭비함으로써'라는 말로 직역할 수 있다. 하나님은 우리가 땅에서 하나님께 드리는 예배와 기도와 헌신과 구제와 눈물 등을 하늘에 차곡차곡 쌓아 두신다. 그리하여 우리가 천국에 갔을 때 우리를 위해 예비된 보화를 안겨 주실 것이다. 기도는 우리가 하늘에 상급을 쌓는 것이다. 그런데 정욕을 위한 기도는 하늘에 상달되지도 못한 채 이 땅에서 그대로 소모되고 소진된다. 기도가 낭비되는 것이다. 소용이 없는 기도다. 정욕을 위한 기도는 하나 마나 한 기도요, 할수록 부패해지는 기도다. 그 거룩해야 할 기도까지 오늘날 정욕으로 오염되고 있으니 통탄할 일이다.

사실 자녀가 잘못된 것을 구하면 부모도 들어주지 않는다. 어린아이가 장난감으로 삼겠다고 식칼을 달라고 하면 들어줄 부모가 어디 있겠는가. 이런 때는 안 들어 주는 것이 최선의 응답이다. 하나님은 우리가 기도한 대로 응답해 주시는 것이 아니라, 좋은 것으로 응답해 주신다. "너희가 악한 자라도 좋은 것으로 자식에게 줄 줄 알거든 하물며 하늘에 계신 너희 아버지께서 구하는 자에게 좋은 것으로 주시지 않겠느냐"(마 7:11).

야고보는 하나님의 원리를 따르지 않고 제멋대로 기도하고 정욕대로 날뛰는 사람들을 충격적 언사를 사용해서 책망한다. "간음한 여인들아 세상과 벗된 것이 하나님과 원수 됨을 알지 못하느냐 그런즉 누구든지 세상과 벗이 되고자 하는 자는 스스로 하나님과 원수 되는 것이니라"(약 4:4). 하나님이 바라시는 것은 우리가 마음을 다하고 목숨을 다하고 뜻을 다하고 힘을 다하여 하나님을 사랑하고 섬기는 것이다. 그런데 신자가 하나님을 다른 신과 겸하여 섬기거나, 하나님의 뜻과 무관한 것만을 추구한다면, 이것을 '영적 간음'으로 간주하신다. 야고보 공동체의 사람들이 다른 신을 겸하여 섬겼다는 증거는 없다. 따라서 야고보는 하나님을 섬기는 것 같으면서도 하나님이 기뻐하지 않는 세상 것만을 추구하고 서로 갈등하고 싸우는 행위조차도 영적 간음 즉 우상숭배로 간주하는 것이다. 이는 하나님의 사랑에 만족하지 못하고 세상에서 다른 사랑을 찾는 것이다. 세상과 연애하는 것은 간음하는 것과 같다. 영적 간음, 즉 우상숭배라는 비판보다 더 큰 비판이 어디 있겠는가! 사실 교우들이 세상의 벗이 되어 하나님과 원수가 되었기 때문에 신자들끼리도 싸우는 것이다. 세속성과 영성은 양립할 수 없다. 소유 지향적인 삶은 세상과 벗이 되는 삶인 반면, 존재 지향적인 삶은 하나님과 친구가 되는 삶이다. 예수님은 세례 요한의 세례를 받고 요단강에서 올라오실 때, "이는 내 사랑하는 아들이요 내 기뻐하는 자라"(마 3:17)는 천상의 음성을 들으셨다. 곧바로 광야에서 40일간 금식기도를 하실 때 유혹하는 자가 와서 예수님을 유혹했는데, 그는 예수님이 '하나님의 아들'이시라면 물질, 명예, 권력을 마음껏 누려야 하고 누릴 수 있는 능력을 갖고 있을 것이라고 하면서 예수님을 도발했다. 하지만 예수님은 그 모든 유혹에도 하나님의 말씀으로 모두 거부하셨다. 세상은 더 많이 소유해야 한다고 하지만, 예수님은 존재 지향의 삶을 추구하셨다.

신자 중 일부가 세상에 오염되어서 오염된 기도를 하나님께 드리고 있다고 할지라도, 하나님은 여전히 우리를 사랑하신다. 그 사랑의 증거는 우리 안에 하나님의 영 곧 성령을 주신 것이다. "너희는 하나님이 우리 속에 거하게 하신 성령이 시기하기까지 사모한다 하신 말씀을 헛된 줄로 생각하느냐"(약 4:5). 5절의 말씀은

1절부터 4절과 6절부터 10절까지 말씀의 연결고리 역할을 한다. 양쪽에 다 해당된다는 말이다. 성령이 시기하기까지 사랑한다는 것은 성령이 사랑하다 못해 시기하게 된다는 말이다. 만약 우리가 하나님 외에 다른 것들, 즉 세상과 정욕을 사랑하게 되면 성령님께서 내 안에서 탄식하면서 근심하신다. 질투하시는 하나님께서 내 안에 계신 성령님을 통해 분통을 터트리신다. 당신은 신앙생활을 할 때, 성령님께서 답답해하시는 것을 느껴 본 적이 없는가? 살면서 성령님이 책망하시는 것을 느껴 본 적이 없는가? 성령님께서 당신에게 간곡히 말씀하시는 것을 들어본 적이 없는가? 그 경고를 듣고 하나님의 음성을 따라 살아가야 하나님과 우리 사이에 친밀한 교제가 회복되고 하나님이 주시는 신령한 복을 받을 수 있다. 그것이 참된 평안을 가져다주고, 더 큰 은혜를 받게 한다.

강의 영상

9
더욱 큰 은혜

[6]그러나 더욱 큰 은혜를 주시나니 그러므로 일렀으되 하나님이 교만한 자를 물리치시고 겸손한 자에게 은혜를 주신다 하였느니라 [7]그런즉 너희는 하나님께 복종할지어다 마귀를 대적하라 그리하면 너희를 피하리라 [8]하나님을 가까이하라 그리하면 너희를 가까이하시리라 죄인들아 손을 깨끗이 하라 두 마음을 품은 자들아 마음을 성결하게 하라 [9]슬퍼하며 애통하며 울지어다 너희 웃음을 애통으로, 너희 즐거움을 근심으로 바꿀지어다 [10]주 앞에서 낮추라 그리하면 주께서 너희를 높이시리라 약 4:6-10

본문은 다음과 같이 시작한다. "그러나 **더욱 큰 은혜**를 주시나니 그러므로 일렀으되 하나님이 교만한 자를 물리치시고 겸손한 자에게 은혜를 주신다 하였느니라"(약 4:6). "일렀으되"라는 말을 통해 야고보는 무엇인가를 인용하고 있음을 보여 준다. 인용 구절은 잠언에서 왔다. "진실로 그는 거만한 자를 비웃으시며 겸손한 자에게 은혜를 베푸시나니"(잠 3:34). 학자들은 종종 야고보서를 '신약의 지혜서'라고 하는데, 그만큼 구약 잠언의 정신이나 말씀이 많이 인용되고 있기 때문이다. 그러면 누가 "거만한 자"인가? 잠언에서 말하는 거만한 자는 하나님이 없다고 하는 자들, 하나님을 믿지 않는 자들, 자기 자신이 하나님의 자리를 차지한 자들이다.

잠언의 규정에 따른다면, 거만한 자는 하나님의 지혜를 구하지 않고 세상의 지혜를 구하는 자들이다. 앞에서 세상으로부터 오는 지혜는 시기와 다툼을 불러온다고 했는데, 교만한 자들은 시기와 다툼을 일으키는 자들이다. 세상과 벗이 된 자들이다. 야고보에 따르면 이런 자들을 하나님께서 물리치신다는 것이다. 하나님이 물리치신다는 것은 소극적으로는 하나님이 그들에게 은혜를 베풀지 않을 뿐만 아니라, 적극적으로는 그들이 하나님의 대적이 된다는 의미다. 반면 "겸손한 자들"은 어떤 자들인가? 그들은 하나님을 인정하는 자들, 하나님을 믿고 살아가는 자들, 하나님이 주시는 지혜를 구하는 사람들이다. 이들은 하나님과의 평화뿐 아니라 사람들과의 평화를 추구하고, 하나님 앞에서 거룩한 삶을 구하면서 나아가 하나님의 친구가 되는 사람들이다. 하나님은 이런 겸손한 자에게 은혜를 주신다고 했다. 요약하면 거만한 자들은 하나님의 대적이 되지만, 겸손한 자들은 하나님의 은혜의 수혜자가 된다는 의미다. 겸손한 자가 되어 하나님의 은혜를 받는 성도들이 되기를 축원한다.

잠언에서는 교만과 겸손에 대한 다른 묘사를 발견할 수 있다. 교만은 하나님의 대적이 되기 때문에 패망의 선봉이 되지만 겸손은 존귀의 길잡이가 된다. 헬라 속담에 이런 말이 있다. "신들이 파멸시키기를 원하는 자는 먼저 미치게 만든다." 미치게 만든다는 것은 정신병을 의미하는 것이 아니라, 거만과 방자를 뜻한다. 한마디로 사람을 교만하게 만들어 그를 파괴시킨다는 것이다. 이런 원리는 대제국이나 개인이나 동일하다. 앗수르와 바벨론 제국의 위세가 얼마나 대단했는가? 하지만 그 제국들은 영광의 정점에서 하나님을 향해 교만했고, 결국 패망하여 흔적도 없이 역사의 뒤안길로 사라지고 말았다. 사울 왕, 느부갓네살 왕, 헤롯 아그립바 1세 등은 교만으로 망한 왕으로 성경에 기록되어 있다.

야고보에 따르면 겸손하게 신앙생활을 하고 있는 우리에게는 하나님께서 "더욱 큰 은혜"(more grace)를 주신다. 하나님께서 우리에게 기본적으로 주신 은혜는 우리를 영원 전부터 택하시고, 예수님의 보혈로 우리를 하나님과 화목하게 하시고, 성령님의 임재를 통해 우리 안에 내주하시는 것이다. 하지만 하나님은 이것들 위에 더 큰 은혜를 주셨다. 은혜 위에 은혜(grace upon grace)를 주신 것이다. 그런데 이런 더욱 큰 은혜는 겸손한 자에게 주시는 것이다. 더 큰 은혜의 수혜 자격은 겸손에 있다. 따라서 겸손이란 더 큰 은혜가 들어오는 문이요 통로다. 물이 낮은 곳으로 흘러가듯, 겸손한 자에게는 하나님으로부터 은혜의 강물이 더 많이 흘러 들어간다. 은혜는 높은 곳이 아니라, 낮은 곳으로 흐른다. 구약 한나의 찬가(삼상 2:1-11), 신약 마리아의 찬가(눅 1:46-56)에서도 이런 사실을 잘 묘사하고 있다. 하나님은 교만한 자는 흩으시고, 비천한 자를 높이시고, 주리는 자를 배부르게 먹이신다. 겸손의 대표적인 사례가 바로 우리 믿음의 주이신 예수님이시다. '그리스도 찬가'로 알려진 빌립보서 2장 5-11절에 보면, 예수님은 "하나님의 본체" 즉 하나님이시지만, 그 신성을 비워 종의 형체인 인간의 모습으로 나타나시고, 또한 인간의 삶 중에서도 그 누구라도 질색하고 혐오할 십자가 처형의 길을 걸어가셨다. 이는 하나님 아버지의 뜻을 성취하기 위하여 철저히 자신을 낮추시고 죽기까지 복종하신 것이다. "비움"(케노시스)과 "낮춤"(타페이노시스)은 예수님이 보이신 겸손의 실체적 내용이다. 이에 대해서 하나님은 예수님을 지극히 높여 모든 이름 위에 뛰어난 이름을 주사, 하늘에 있는 자들과 땅에 있는 자들과 땅 아래에 있는 자들로 모든 무릎을 예수의 이름에 꿇게 하시고, 모든 입으로 예수를 주(主)라 부르게 하셨다. 예수님처럼 성령님도 자신을 낮추시어 인간의 가장 힘들고 어려운 상황 가운데에 오셔서 그들을 위해 친히 간구해 주신다(롬 8:26).

하나님 편에서 먼저 교만한 자를 물리치시고, 겸손한 자에게 은혜를 주신다. 교만한 자는 태초에 교만하여 타락한 천사, 마귀에게 속한 자이기에 대적하시고, 겸손한 자는 하나님께 속한 자이기에 은혜를 베푸신다. 이런 신학적 배경에서 야고보는 4장 7-10절까지 이것과 관련하여 '짧은 명령들'을 주고 있다. 대체로 7개의 명령으로 정리할 수 있는데, '복종하라', '대적하라', '가까이하라', '깨끗이 하라', '성결하게 하라', '울라', '낮추라'가 그것이다. 6절에서 겸손으로 서두를 열었는데 10절의 "주 앞에서 낮추라"는 겸손의 명령으로 이 단락을 마무리하고 있다.

7절의 처음 두 개의 명령은 짝으로 된 명령이다. 즉 하나님이 겸손한 자에게 은혜를 주시고 교만한 자를 대적하시는 것처럼, 너희는 하나님께는 복종하고 마귀는 대적해야 한다는 것이다. 하나님께서 교만한 자를 대적하시는 것처럼 우리도 마귀를 대적해야 하고, 하나님께서 겸손한 자에게 은혜를 베푸시는 것처럼 우리도 하나님께 복종해야 한다. 앞 구절인 6절과 비교할 때, 겸손을 하나님으로, 교만을 마귀로 바꾸었다. 하나님은 겸손한 자와 통하고, 마귀는 교만한 자와 통한다는 뜻이다. 사실 마귀는 교만의 대명사다. 마귀는 태초에 교만하여 하나님을 대적한 타락한 천사다. 우리가 대적해야 할 마귀는 세상적인 지혜, 정욕, 세상과 벗이 되어 하나님과 원수로 사는 것을 의미한다. 사탄 마귀는 하나님과 우리 사이에 끼어들어 이간질하고, 교만하게 만들고, 사람들끼리 분쟁하게 하고, 심지어 하나님께 반역하게 한다.

따라서 우리가 평화롭고 성결한 삶을 살기 위해서는 마귀를 대적해야 한다. 성결과 평화를 위한 첫 번째 단계다. 이것이 분쟁과 불결한 삶에 대처하는 처방이다. 그리고 무엇보다 하나님께 순복해야 한다. 사실 하나님께 순종하는 자는 마귀를 대적하기 쉽다. "그런즉 너희는 하나님께 복종할지어다 마귀를 대적하라 그리하면 너희를 피하리라"(약 4:7). 우리 혼자 힘으로는 절대 마귀를 대적할 수 없다. 오히려 마귀에게 수치를 당하고 만다. 하지만 하나님께 순복하는 사람, 그래서 하나님이 함께하시는 사람은 마귀를 대적할 때 마귀가 도망을 간다. 하나님의 사람에게는 마귀가 어떤 힘도 발휘하지 못한다. 하나님이 함께하시기 때문이다. 때로 사탄이 무서워 보이나 실상은 그렇지 않다. 그저 위협할 뿐이다. 기죽지 말고 대적하라. 그러면 마귀가 도망치게 되어 있다. 예수님을 믿는 자가 예수의 이름으로 마귀를 대적하면 한 길로 왔다가 일곱 길로 쫓겨 가게 된다. 예수님께서 공생애 기간 중 "사탄아 물러가라"라고 선포하셨을 때도 마귀가 쫓겨 가고 귀신에게 사로잡혔던 자들이 놓임을 받았다. 이것은 예수님을 믿는 자들에게도 동일하게 주어지는 은혜와 능력이다.

어떤 사람은 마귀의 존재를 부정한다. 이것은 바로 마귀가 원하는 바다. 하나님은 "나는 스스로 있는 자다"라고 말씀하시지만 마귀는 "나는 없는 자다"라고 한다. 그리고 교묘하게 자신을 속이고 사람 속에 들어가 악한 일을 한다. 하지만 하나님도 실재적이고, 마귀도 실재적이다. 이어령 박사는 마귀가 존재한다는 것을 통하여 하나님의 존재를 알게 되었다고 한다. 성경에서 묘사하는 것을 보면 마귀의 존재는 분명하다. 사탄은 가룟 유다에게 들어가서 그로 하여금 예수님을 배반하고 돈을 받고 팔아넘기게 했다. "유다에게 사탄이 들어가니"(눅 22:3). 예수님은 사탄이 그를 밀 까부르듯 하려 한다고 베드로에게 경고하시기도 했다(눅 22:31). 바울에 따르면 선교 사역을 사탄이 개입해서 방해하기도 했다. "사탄이 우리를 막았도다"(살전 2:18). 마귀는 세상의 왕(요 16:11)이고, 공중의 권세 잡은 자(엡 2:2)이며, 뱀처럼 혹은 우는 사자처럼 묘사되며, 요한계시록에서는 붉은 용으로 상징화된다. 그러므로 우리는 믿음과 기도로 늘 깨어 있으면서 영적분별력을 발휘해야 한다. 사탄의 유혹과 시험을 알아차리고 예수님의 이름으로 물리쳐야 한다. 하나님과 나 사이에 끼어들려는 사탄의 계략을 분별해야 한다.

마귀를 대적해서 마귀가 떠났다고 그 빈 공간을 그대로 방치하면 안 된다. 예수님께서 '빈집의 우환'에 대한 비유(눅 11:24-26)를 말씀하신 적이 있다. 귀신이 쫓겨 나갔는데 있을 곳을 찾아보았지만 찾지 못했고 도리어 갈하고 쉼도 없는 상태가 지속되었다. 귀신이 "내가 나온 내 집으로 돌아가리라"(눅 11:24)고 하면서 돌아와 봤더니 그 집이 청소되고 수리되어 있었다. 거주하기가 이전보다 더 좋았다. 그래서 이 귀신은 그보다 더 악한 귀신 일곱을 데리고 들어가 집단으로 거주하게 되었고, 그 사람의 형편은 이전보다 더 나빠지게 되었다는 것이다. 불교는 비움을 강조하지만 기독교는 비움 못지않게 채움을 중시한다. 마귀를 대적해서 물리치는 것과 하나님을 가까이하여 모시는 일이 동시적으로 일어나야 한다. 하나님을 주인으로 모셔야 한다. 성령으로 충만해야 한다. 마귀를 대적했으면 하나님을 더 가까이해야 한다. 그래서 8절에 "하나님을 가까이하라 그리하면 너희를 가까이하시리라"(약 4:8a)라고 표현한 것이다. 하나님을 가까이하는 삶은 하나님이 주시는 뜻과 지혜를 따라 살아가는 것이다. 사실 하나님을 가까이함이 우리의 복이다. "하나님께 가까이함이 내게 복이라 내가 주 여호와를 나의 피난처로 삼아 주의 모든 행적을 전파하리이다"(시 73:28). 물질을 많이 모으는 것이 복이 아니고, 더 큰 권세를 차지하는 것이 복이 아니고, 사람들이 나에게 몰려드는 것이 복이 아니고, 하나님을 가까이하는 것이 나의 복이다.

하나님께 가까이 나아가 사귐을 갖기 위해서는 하나님의 성품을 닮아야 한다. 하나님을 경외하면서 거룩한 삶을 살아야 한다. 하나님께 나아오는 모세를 향해 하나님은 "네가 선 곳은 거룩한 곳이니 네 발에서 신을 벗으라"고 말씀하셨다. 자신의 삶의 자리를 거룩하게 만들어야 한다. 거룩한 삶을 살아가면 거룩하신 하나님께 더욱 가까이 나아가게 된다. 그곳이 바로 성소다. 날마다 말씀을 가까이하고, 그 말씀을 암송도 하고, 규칙적으로 예배와 찬양과 기도의 자리에 나아가고, 성결한 삶을 살아가는 것이다.

성결과 관련해서 야고보는 손과 마음을 정결하게 할 것을 요구하고 있다. "죄인들아 손을 깨끗이 하라 두 마음을 품은 자들아 마음을 성결하게 하라"(약 4:8b). 손을 깨끗이 한다는 것은 외적인 성결이고, 마음을 깨끗이 하는 것은 내적인 성결이다. 우리는 손을 매 순간 잘 씻어야 한다. 하루에도 여러 번 씻어야 한다. 손만 잘 씻어도 감기나 코로나19나 기타 질병을 예방할 수 있다. 손은 외적인 모든 행실을 의미한다. 행실에 있어서, 살아가는 방식에 있어서, 교제 관계나 출입하는 장소와 관련해서, 외적으로 성결한 삶을 살아야 한다. 이와 함께 마음의 성결에도 관심을 기울어야 한다. 마음의 성결은 의도의 순수성이다. '손'은 외면, '마음'은 내면이다. 마음과 행동이 모두 깨끗해야 한다.

손은 물로 씻지만, 마음은 어떻게 성결하게 할까? 야고보는 그 방법을 제시한다. "슬퍼하며 애통하며 울지어다 너희 웃음을 애통으로, 너희 즐거움을 근심으로 바꿀지어다"(약 4:9). 마음을 씻어내는 방법은 눈물이다. 눈물로 마음을 정결하게 씻어낸다. 회개의 눈물을 흘릴 때 성결한 마음을 갖게 된다. 여기서 우리가 주목하는 것은 '불신자의 회개'가 아니라 '신자의 회개'다. 비록 우리는 예수님을 믿을 때 과거 현재 미래의 모든 죄를 용서받았지만 그럼에도 계속해서 회개해야 한다. 신앙생활을 하는 중에도 부단히 회개해야 한다. "회개하라 천국이 가까이 왔느니라"(마 3:2)의 원리에 따라 회개할 뿐만 아니라, "만일 우리가 우리 죄를 자백하면 그는 미쁘시고 의로우사 우리 죄를 사하시며 우리를 모든 불의에서 깨끗하게 하실 것이요"(요일 1:9)의 원리에 따라서 회개해야 한다. 레위기적 접근법으로 보자면, 번제단 위에서 번제를 드렸을지라도 성소에 나아가는 제사장은 물두멍에서 손과 발을 닦아야 하는 것과 같다. 신자들도 회개함으로써 성결한 삶에 도달하는 것이다. 하나님께 가까이 가는 자는 회개하고 자신을 정결하게 해야 한다. 성결하지 못하면 하나님께 가까이 나갈 수가 없다. 회개는 하나님과 동행하는 선행조건이다. 회개한 다음에 하나님께 가까이 갈 수 있다.

따라서 회개는 신자들의 거룩한 슬픔, 거룩한 근심, 거룩한 애통이다. 예수님의 산상수훈 중 팔복에서도 회개의 복을 말한다. "애통하는 자는 복이 있나니 그들이 위로를 받을 것임이요"(마 5:4). 우리에게는 세리와 같은 눈물이 있어야 한다. "세리는 멀리 서서 감히 눈을 들어 하늘을 쳐다보지도 못하고 다만 가슴을 치며 이르되 하나님이여 불쌍히 여기소서 나는 죄인이로소이다 하였느니라"(눅 18:13). 하나님은 회개를 기뻐하신다. 당신은 이 세상에서 무엇 때문에 울고, 무엇 때문에 슬프고, 무엇 때문에 근심하고, 무엇 때문에 마음이 아팠는가? 세상 물질, 인간관계, 취업, 진학, 그런 문제 때문에 울고 슬퍼한다고 해서 더 나아질 것은 없다. 대신 내 영혼을 위해서, 내 자녀들을 위해서, 한국교회를 위해서, 이 나라 이 민족을 위해서, 온 인류를 위해서 회개하는 눈물을 흘릴 때 하나님의 놀라운 구원의 역사가 일어날 것이다. 사막을 옥토로 만드는 비결은 물을 끌어오는 것이다. 아무리 옥토라도 물이 메마르면 사막이 된다. 우리 영혼이 메마르고, 우리 삶에 활력이 없고, 우리 생활에 기쁨이 없는 것은 진정으로 하나님 앞에 회개하지 않았기 때문이다. 회개의 눈물을 흘리지 않았기 때문이다. 탄광에서 일하는 광부는 온몸이 까맣게 되더라도 눈과 치아만은 하얗게 반짝인다. 물로 닦아 주기 때문이다. 세상에 살다 보면 나도 모르게 악한 영향력과 죄악이 나를 까맣게 물들이지만 회개의 눈물을 흘릴 때 성결성을 보존할 수 있다.

우리는 매 순간 눈물의 사역을 해야 한다. 예수님께서도 이 세상에 계실 때 통곡과 눈물로 사역하셨다. "예루살렘아 예루살렘아 선지자들을 죽이고 네게 파송된 자들을 돌로 치는 자여 암탉이 그 새끼를 날개 아래에 모음 같이 내가 네 자녀를 모으려 한 일이 몇 번이더냐 그러나 너희가 원하지 아니하였도다"(마 23:37). 이런 애달픔 가운데 주님은 '비아 돌로로사'에서 여인들을 향해 "나를 위하여 울지 말고 너희와 너희 자녀를 위하여 울라"(눅 23:28)고 하셨다. 눈물의 사역만이 나와 자녀들과 가족을 구원한다. 예레미야도 눈물의 사역을 했다. "어찌하면 내 머리는 물이 되고 내 눈은 눈물 근원이 될꼬 죽임을 당한 딸 내 백성을 위하여 주야로 울리로다"(렘 9:1). "너희가 이를 듣지 아니하면 나의 심령이 너희 교만으로 말미암아 은밀한 곳에서 울 것이며 여호와의 양 떼가 사로잡힘으로 말미암아 눈물을 흘려 통곡하리라"(렘 13:17). 페르시아 수산왕궁에서 왕의 술 관원으로 봉직하던 느헤미야는 파괴된 자기 민족과 고토를 위해 눈물의 사역을 했다. "내가 이 말을 듣고 앉아서 울고 수일 동안 슬퍼하며 하늘의 하나님 앞에 금식하며 기도하여"(느 1:4). 그들의 눈물의 기도가 나라를 구원하고 가정을 구원하고 개인을 변화시켰다. 하나님 앞에서는 가식적인 웃음과 즐거움을 버리라고 하신다. 지금 있는 모습 그대로 하나님께 나오라. 죄 있는 모습 그대로 하나님께 나아오되 눈물로 애통으로 나아오라.

지금은 한국교회를 위해서 울어야 할 때다. 작금의 현실을 보면 어려운 교회들이 얼마나 많은지 모른다. 지난 세기에 믿음의 모판 역할을 했던 농촌 교회들이 지금은 노령화와 인구감소로 점점 소멸해 가고 있다. 주일학교와 청년부가 없어진 지 오래되었다. 외부 지원이 없으면 재정적으로 자립할 수 없는 교회가 많다. 목회 이외에 다른 일을 하는 목회자도 많다. 우리 교회는 문제가 없다고, 우리 교회는 잘 되고 있다고 해서, 다른 교회를 생각하지 못하고 한국교회를 위해 울지 못한다면 그것은 진짜 신자가 아니다. 이 나라 이 민족을 위해서도 울어야 한다. 현재까지도 남북이 분

단되어 있고, 많은 고통을 겪고 있고, 경제적으로 양극화되어 있고, 신음하고 있다. 세계를 위해서도 눈물의 사역을 해야 한다. 전쟁과 쿠데타와 난민과 전염병과 재난과 혐오와 차별과 범죄가 들끓고 있고, 수많은 사람이 안전과 생명을 빼앗기고 있다.

야고보는 마지막으로 다시 한 번 주님 앞에 겸손히 낮추라고 권고하고 있다. "주 앞에서 낮추라 그리하면 주께서 너희를 높이시리라"(약 4:10). 우리가 해야 할 일은 자기를 낮추는 일이다. 그러면 주님께서 우리를 높여 주실 것이다. 반대로 우리가 우리 자신을 높이면 주님께서는 우리를 낮추실 것이다. 유의할 점은 낮추는 대상이다. 우리는 오직 "하나님 앞에서" 낮추어야 한다. 자기를 낮춘다고 해서 '사람들에게' 비굴해지라는 의미는 아니다. 오직 주님에게 은혜를 구하는 자세다. 본문은 겸손으로 시작해서(6절) 겸손으로 끝이 난다(10절). 그 안에 순종도 나오고 회개도 나오고 성결도 나온다. 하나님은 겸손한 자에게 더 큰 은혜를 베푸신다. "더욱 큰 은혜"는 성결의 은혜다. 겸손은 성결의 표식이다.

강의 영상

10
비방하지 말라

[11]형제들아 서로 비방하지 말라 형제를 비방하는 자나 형제를 판단하는 자는 곧 율법을 비방하고 율법을 판단하는 것이라 네가 만일 율법을 판단하면 율법의 준행자가 아니요 재판관이로다 [12]입법자와 재판관은 오직 한 분이시니 능히 구원하기도 하시며 멸하기도 하시느니라 너는 누구이기에 이웃을 판단하느냐 약 4:11-12

앞 단락(약 4:6-10)에서 야고보는 '교만과 겸손'에 대해서 말했다. 하나님은 교만한 자를 대적하시되, 겸손한 자에게 은혜를 베푸신다고 했다. 이번 단락(약 4:11-12)은 '비방과 판단'을 하지 말라는 권고를 주고 있다. 교만은 비방하고 판단하는 것과 통한다. 겸손한 사람은 판단하지 않는다. 사실 겸손을 얻는 길은 타인을 판단하지 않는 것이다. 사막의 교부 이야기다. 그가 외출하고 돌아와 보니 어떤 사람이 자기 물건을 나르고 있었다. 교부의 물건을 도둑질하고 있었던 것이다. 교부는 야단을 치지 않고 "힘들어 보이는데 제가 좀 도와드릴까요?"라고 물었다. 또 다른 이야기다. 죄인이 교부를 찾아와서 죄를 회개하고 있었다. 사제가 그 죄인을 알아보고 "큰 죄를 짓고 기도만 하면 되겠느냐. 당장에 나가라"라고 하자 교부도 함께 나갔다. 어거스틴은 기독교의 으뜸가는 덕목으로 첫째도 겸손, 둘째도 겸손, 셋째도 겸손을 꼽았다. 우리가 겸손에 도달하지 못하는 것은 타인을 정죄하기 때문이다. 하나님께서 겸손한 자를 위해 예비하신 복을 우리가 받지 못하는 것은 남을 비방하고 판단하기 때문이다. 사실 교만하기 때문에 형제를 비방하고 판단한다. 비방은 마음의 교만함의 표현이다. 반면 칭찬은 겸손의 표현이다. 교만한 사람은 남을 칭찬하는 것을 보지 못한다. 누군가가 남을 칭찬하면 "그런데 말이야. 당신이 잘 몰라서 그러는데…"라고 하면서 어떻게 해서든 남의 흠을 잡고 비판한다.

"형제들아 서로 비방하지 말라 형제를 비방하는 자나 형제를 판단하는 자는 곧 율법을 비방하고 율법을 판단하는 것이라 네가 만일 율법을 판단하면 율법의 준행자가 아니요 재판관이로다"(약 4:11). 야고보는 형제들을 향해 권고한다. 여기에 "형제"라는 단어가 무려 3번이나 반복되고 있다. 형제라는 말을 통해 볼 때 이것은 교회 공동체 안에서, 서로 형제라고 부르는 사람들 가운데서, 서로 비방하고 판단하여 많은 문제가 발생하는 상황 가운데 주어지는 말씀으로 보인다. 교회 안에서도 신앙의 연조가 깊어지면 더욱 겸손해져야 하는데, 교만하여져서 새로 믿기 시작한 사람들을 정죄하고 판단하며 자신이 하나님 자리에 오른 것처럼 행색을 하는 사람들이 있다. 형제를 비난하고 판단하는 것은 형제우애, 더구나 공동체를 깨뜨리는 행위다. 가정 안에서도 서로를 비난하고 판단하기 시작하면 가정은 분열되고 깨어진다. 야고보에 따르면, 형제를 비방하고 판단하는 것은 율법을 비방하고 판단하는 것이라고 규정한다. 형제가 율법으로 대체된다. 하나님의 법과 말씀이 우리에게 주어졌는데 자기가 마치 법인 것처럼, 마치 심판자인 것처럼 그 법을 무시하고 자기의 말로 남을 비방하고 판단하기 때문이다. '비방하다'의 헬라어는 '카타랄레오'인데, 접두사 '카타'(대항하여, 낮추어)와 '랄레오'(말하다)의 합성어다. 카타랄레오는 '대항하여 말하다' 혹은 '깔보아 말하다' 혹은 '찔러 말하다'라는 의미다. 교만하게 말하는 것이다. 세상에서도 누군가에게 혹은 어떤 사건에 대해서 '악플'을 다는 사람들을 많이 본다. 악플은 '악성 리플' 즉 '악성 댓글'이라는 의미인데, 사이버 범죄의 일종으로 인터넷상에서 상대방이 올린 글에 대한 비방이나 험담을 하는 악의적인 댓글을 말한다. 악성 댓글은 언어폭력으로서, 흔히 악성 댓글을 다는 사람을 악플러라고 한다. 악성 댓글은 상대방에게 상처를 주고 모욕감이나 치욕감을 안겨 준다. 악성 댓글은 법적으로 제한되기도 하는데, 대한민국에서는 보통 정보통신망 이용촉진 및 정보보호 등에 관한 법률 또는 형법에 의해 규제되고 있다. 하지만 실상은 익명성을 이용하여 그 법망을 피해가며 여전히 악성 댓글을 달고 있다. 인터넷이라는 공간이 그런 악플로 인해서 시궁창처럼 되어 버렸다.

정신과 의사 정해신 씨가 쓴 「당신이 옳다」라는 책에 보면 이런 내용이 나온다. "충조평판 날리지 말고 공감하라." 여기서 "충조평판"이란 충고와 조언과 평가와 판단의 앞글자다. 의도야 좋을지 모르지만 우리는 걸핏하면 타인에 대해서 충고하고 조언하고 평가하고 판단하려든다. 그렇다 보니 사람들은 온통 '어떻게 하면 다른 사람들로부터 좋은 평가를 받을 수 있을까' 하는 생각으로 노심초사하게 된다. 그래서 현대인들은 자기 인생을 자기 페이스대로 살지 못하고, 자기 장점과 비전과 달란트를 개발하지 못한 채, 오직 타인의 시선과 평가에 요동치는 삶을 살아가고 있다. SNS가 발달한 현대 사람들은 타인으로부터 '좋아요'를 받기 위해 애를 쓰고, '좋아요'의 숫자가 얼마나 달렸는지에 매이는 삶을 산다. 만약 '싫어요'가 많이 달리면 삶의 의욕을 잃어버리기도 한다. 사람들도 있는 그대로의 모습을 인정해 주고, 공감해 주고, 격려해서 세워 주는 대신 어떻게 해서든지 끌어내리려 한다.

왜 우리는 타인을 비방하지 말아야 하는가? 우리의 판단은 부분적이기 때문이다. 아는 것만큼 이해하고 모르는 것만큼 오해한다는 말이 있다. 하나님 한 분 외에 우리는 그 사람을 온전히 알지 못한다. 그 사람의 처지와 형편과 배경과 생각까지 다 알 수 있는 사람은 없다. 일부분만 알면서 그를 다 아는 것처럼 생각하고 말하는 것은 무척이나 위험하다. 또한 우리의 판단은 피상적이기 때문이다. 우리는 밖으로 드러난 것만을 보고 판단한다. 그 안에 내재된 모든 것을 어떻게 알 수 있겠는가? 그리고 우리의 판단은 주관적이기 때문이다. 아무리 객관적으로 사실에 근거해서 말을 한다고 해도 사람은 자기중심으로 자기가 보고 싶은 것만 보고, 듣고 싶은 것만 듣는다. 내 선입견과 생각을 지지해 주는 자료만 수

집하고 나머지는 거부하고 배척한다. 이것을 확증 편향이라고 한다. 동일한 시간과 공간에서 같은 설교자의 말씀을 들어도 모두 다르게 듣는 이유가 바로 여기에 있다. 자기의 삶을 정당화시켜 주고 자기 생각을 지지해 주는 메시지는 잘 듣고 수용하는 반면, 그 밖의 메시지는 아무리 목청을 높여 이야기해도 듣지도 받아들이지도 않는다. 따라서 인간이 내리는 판단은 결코 완전무결한 판단이 될 수 없다.

랄프 마틴(Ralph Martin)은 이런 이야기를 했다. "험악한 말, 중상모략 그리고 고삐 풀린 분노. 이는 모두 시기로 분열된 공동체의 자화상이다. 이 자화상은 '아래로부터 나온 지혜'가 교회 공동체를 다스리고 있음을 말해 준다."(*James*, p.144) 우리는 본질적으로 '위로부터 나오는 지혜'를 구하는 사람들이지만, 만약 '아래로부터 나온 지혜'가 교회 공동체를 지배한다면 우리는 교만하게 되고 결국 교회 공동체는 분열과 다툼이 일어난다는 의미다. 교회는 내부의 분열로 무너지고 있다. 이것은 마귀의 전략이다. 분열과 다툼의 방편은 바로 험악한 말, 중상모략과 같은 언어적 수단이다. 현재 한국교회 아픔의 대부분을 차지하고 있는 분열과 다툼은 이런 비방과 판단에서 비롯된 것들이다. 세상에서 분열과 갈등은 이해 당사자 간의 타협을 통해 해결되기도 하지만, 교회는 하나님 앞에서 철저한 회개를 통해 온전히 씻어내야 한다. 형제에 대한 비방은 시기와 질투에서 비롯된다.

비방하고 판단하는 사람은 과연 자신은 온전하기 때문에 타인을 깎아내리는가? 자신은 판단 받는 사람보다 월등히 나은가? 절대 그렇지 않다. 오십보백보(伍十步百步)요 도토리 키 재기일 뿐이다. 그런데도 비방하고 판단을 내리는 이유는 이중 잣대를 사용하기 때문이다. 이중 잣대(double standard)란 유사한 상황에 각자 다른 지침이 적용되는 것을 말한다. 소위 양심(consience)이 없는 것이다. 양심이란 함께 보고, 함께 아는 것이다. 말하지 않아도 너도 알고 나도 아는 공통의 객관적인 기준이 내면에 있어서 옳고 그름을 스스로 분별하는 것이 양심이다. 그런데 양심에 문제가 생기면 자기중심적인 주관적인 판단을 내세운다. 자기에 대해서는 관대한 기준을, 상대방을 향해서는 엄격한 기준을 적용한다. 곡식을 팔 때 계량하는 저울추와 살 때 계량하는 저울추가 다른 것이다. 소위 내로남불이다. 내로남불은 "내가 하면 로맨스, 남이 하면 불륜"이란 말이다. 1990년대 정치권에서 유래한 뒤 현재까지도 오프라인과 온라인 모두에서 쓰이고 있는 말이다. 주로 남이 할 때 비난하던 행위를 자신이 할 때는 변명을 하면서까지 합리화하는 모습을 지칭하는 말로 '남에겐 엄격하나 자신에겐 자비로운 태도'(자기합리화)를 일컫는다. 마치 자신은 치외법권을 갖고 있는 자인 것처럼 생각하는 것이다. 사실은 자기에게는 엄격하고 남에게는 관대해야 하는 것이 윤리적으로 맞지 않는가. 내로남불적 태도는 삶을 거꾸로 살고 있는 것이다.

내로남불은 남녀노소와 지위고하를 막론하고 타락한 인간의 세계에서 자주 나타나는 현상이다. 다윗은 밧세바를 범하고, 자기의 충성스러운 부하요 밧세바의 남편인 우리아를 죽게 만들었다. 남의 아내를 탐을 내서 악독하게 빼앗은 것이다. 이를 지적하기 위해 나단 선지자가 하나님의 명을 붙잡고 다윗에게 와서 '부자와 빈자의 우화'를 들려주었다. 부자에게 손님이 찾아왔을 때 부자는 자신의 월등한 지위를 이용해서 빈자에게 있는 암양 새끼 한 마리를 빼앗아 대접했다는 이야기다. 이를 듣고 다윗은 노발대발하여 즉석에서 그 부자에게 사형을 언도했다. 나중에는 자신의 판결이 너무 과하다고 생각해서인지 부자가 빈자에게 양 네 마리로 갚아야 한다고 형량을 변경했지만 말이다.

남의 일에 대해서는 지극히 공정하고 엄격한 것이 인간이다. 하지만 자신이 연루되어 있을 때는 올바르게 그리고 제대로 판단하지 못한다. 하나님 보시기에 다윗의 죄는 부자의 행위보다 더 악독한 범죄였다. 부자는 빈자의 양 한 마리를 갈취한 것뿐이지만, 다윗은 남의 아내의 정절을 짓밟고 남편의 목숨을 빼앗았다. 부자의 범죄는 배상과 원상회복이 가능하지만, 다윗의 범죄는 되돌릴 수 없는 극악한 범죄였다. 하지만 다윗은 범죄 후에도 태평했다. 자기 자신의 소행에 대해서 회개했다는 기록이 없다. 다윗에게는 분명 올바르게 판단할 능력이 있었음에도 불구하고 작동하지 않고 있었다. 왜냐하면 그 대상이 자기 자신이기 때문이다. 자신은 그럴 만한 자격이 있다고 생각했는지도 모른다. 하나님의 마음에 합하다고 평가받는 다윗조차도 이럴진대 우리야 오죽하겠는가. 다윗은 하나님과 사람들에게 인정과 존경을 받았기 때문에 자신은 그래도 된다고 생각했던 것일까? '나는 괜찮다', '나는 열외다'라고 생각한 것일까? 인간은 자기중심적이고 이기적이다. 타인을 향한 판단도 역시 그러하다.

11절에 보면 형제를 비방하고 판단하는 것은 곧 율법을 비방하고 판단하는 것이며, 우리가 율법을 판단한다면 율법의 준행자가 아니고 율법의 재판관이라고 했다. 율법을 아무 소용이 없는 것처럼 만드는 것이다. 하나님의 말씀(율법)은 그의 백성에게 지키라고 주신 것이다. 율법은 위로부터 주어진 것으로, 우리는 그 율법을 만든 자가 아니다. 우리는 그 말씀을 준행해야 할 책임을 가진 자들일 뿐이지 그 말씀을 가지고 남을 판단하는 자가 되는 것은 아니다. 오직 하나님만이 그 말씀의 제정자이시고, 그 말씀대로 심판할 최종적인 재판관이시다. 우리 모두는 너나 할 것 없이 하나님의 말씀 앞에 서서 심판받을 자들이다. 남을 비방하고 남을 판단하는 자는 자기가 법이고 자기가 하나님이 되는 것이다. 어느덧 자기가 하나님의 자리에 앉아 남을 판단하고 형량을 선언하기도 한다. 남을 비방하고 판단하는 사람들의 말을 들어 보라. 그 말은 단정적이고 최종적이며 변화의 가능성을 배제하는 말뿐임을 쉽게 확인할 수 있다.

예수님께서도 산상수훈을 통해 남을 비판하지 말라고 경고하셨다. "비판을 받지 아니하려거든 비판하지 말라 너희가 비판하는 그 비판으로 너희가 비판을 받을 것이요 너희가 헤아리는 그 헤아림으로 너희가 헤아림을 받을 것이니라"(마 7:1-2). 남이 무슨 잘못을 하면 그 잘못을 비판하기 전에 그것을 자기를 비추는 거울로 삼아야 한다. '나에게는 그런 잘못이 없나' 하고 말이다. 예수님께서는 상대방에게 있는 허물이 티라면 나에게는 들보가 있다고 말씀하셨다. 그러므로 '그에게는 티가 있지만 나에게는 들보가 있다'고 생각하는 사람은 겸손한 사람이다. 불가피하게 충고를 해야 할 상황이라도 진정 겸손한 자세로 충고해야 한다. 그러면 그 충고는 상대방에게 받아들여질 것이다. 그러나 안타깝게도 현실은 '내게는 티가 있을지 몰라도 당신에게는 들보가 있다'라는 교만한 태도로 접근한다. 대화가 막히고 감정이 상하는 이유가 바로 여기에 있다.

다른 사람을 판단하고 비방하는 것은 하나님을 재판석에서 밀쳐내고 자신이 앉는 것이다. 이는 주제넘은 짓이다. "남의 하인을 비판하는 너는 누구냐 그가 서 있는 것이나 넘어지는 것이 자기 주인에게 있으매 그가 세움을 받으리니 이는 그를 세우시는 권능이 주께 있음이라"(롬 14:4). 당신의 견해에 따라 상대방에게 간섭하지 말고 당신의 일이나 잘하라는 의미다. 상대방의 일은 주님께서 알아서 하실 것인데, 하나님께서 그를 반드시 세우실 것이라는 점을 명심하라는 뜻이다. 당신이 염려하지 않아도 하나님이 상대방의 인생을 섭리하시고 합력하여 결국 선을 이루시리라는 것이다. 우리는 결국 모두 하나님의 심판대 앞에 서게 될 것이다. 남을 비방하고 판단했던 당신도 하나님의 심판대 앞에 서게 될 것이다. "네가 어찌하여 네 형제를 비판하느냐 어찌하여 네 형제를 업신여기느냐 우리가 다 하나님의 심판대 앞에 서리라"(롬 14:10).

안드리아(Solomon Andria)는 이런 말을 했다. "비방은 위험천만한 승부다. 비방하는 사람은 자신을 재판관의 자리에 앉히고, 스스로 세운 기준으로 다른 사람들을 판단하기 때문이다. 율법을 제정한 이는 하나님이시기에 판단은 하나님의 고유한 특권이다. 심판은 하나님의 것이다. 하나님께 속한 고유의 것을 찬탈하는 것은 죄다. 이 죄는 갈등을 만들어내고, 공동체 안에 분쟁을 조장한다. 하나님의 말씀에 순종해야 하는 데, 특히 이웃사랑과 관련된 말씀에 순종하는 데 실패한 모습이 비방의 죄를 통해 여실히 드러난다."("James", in *Africa Bible Commentary*, p.1514)

형제를 비방하고 판단하는 것이 어떻게 율법을 비방하고 판단하는 것이 되는가? 율법의 핵심은 사랑이기 때문이다. 비방과 판단은 사랑을 거스르는 것이기 때문에 율법을 비방하고 판단하는 것이 된다는 것이다. 사랑은 최고의 법이다. 율법은 지키라고 주신 것이지 남을 판단하라고 주신 것이 아니다. 더구나 사랑의 정신을 버리고 부분적으로 율법을 이용하는 것은 남용하는 것이다.

율법을 세우신 분과 그 율법에 준거해서 사람을 재판하여 영원한 판결을 내리실 분은 오직 하나님밖에 없으시다. 그런데 왜 인간은 하나님의 고유한 권리를 침범하려 하는 것인가? 이것은 하나님의 고유한 영역을 침범하는 월권행위다. "입법자와 재판관은 오직 한 분이시니 능히 구원하기도 하시며 멸하기도 하시느니라 너는 누구이기에 이웃을 판단하느냐"(약 4:12). 판단은 하나님의 몫이다. 구원도 하나님이 몫이다. 심판도 하나님의 몫이다. "네가 누구이기에" 하나님의 자녀를, 주님의 종을 함부로 판단하는가? 하나님에게 불경한 일이다. 간혹 우리는 비난과 판단을 당할 때가 있다. 그럴 때는 잘 견디는 방법밖에 없다. 그것이 우리를 겸손하게 만든다. 비난하고 판단하는 사람은 교만한 사람이지만, 그것을 잘 견디는 자는 영적 유익을 누리게 되는데 특별히 겸손을 배우게 된다. '그가 말한 것이 다 사실이 아니라도 나는 그가 모르는 부족한 것이 많이 있는 사람이다'라고 생각하면 된다.

생명공학이나 의료윤리 분야에 'God Play'라는 말이 있다. 번역하면 '하나님 역할극' 즉 '하나님 놀이'라는 뜻이다. 다른 영역의 과학자들도 동일한 유혹을 받겠지만, 특별히 생명공학이나 유전공학 분야의 과학자들은 전능자처럼 되고자 하는 유혹을 더 많이 받는다. 그래서 인간의 유한성이나 제한성을 풀어 버리는 기술과 지식을 얻고자 무리한 연구를 진행하기도 한다. 넘지 말아야 할 선을 넘어 버리기도 한다. 노아 이후 최초의 문명이었던 바벨 문명에서는 사람들이 흩어짐을 면하고 자기 이름을 내고자 '하늘에 닿는' 바벨탑을 쌓고자 했다. "자 우리가 …하자"라고 하나님처럼 말했다. 돌 대신 벽돌을 굽고, 진흙 대신에 역청을 활용해서 높고 높은 탑을 지으려 한 것이다. 물론 이런 시도는 성공할 수 없는 것이다. 하지만 하나님처럼 되고, 하늘에 닿으려 하는 인간의 노력은 이후에도 계속해서 진행되었다. 아침의 아들 계명성처럼 하늘에 올라 하나님의 뭇 별 위에 자기 자리를 높이고 북극 집회의 산

위에 앉으려 하는 것이다. 그렇게 때문에 '할 수 있지만 하지 않는 연구윤리'가 필요하다. 인간의 한계를 인정하고 인간성을 해치는 연구는 시작부터 하지 말아야 한다. 유전자 조작이나 인간복제 같은 시험들 말이다.

사탄은 끊임없이 정죄하는 일을 한다. 본래 히브리어로 사탄은 '대적하는 자'를 의미했다. 개인적으로는 나를 대적하는 자인 원수를, 법정에서는 피고인을 고발하는 검사를, 나중에는 하나님을 대적하는 영적 실체인 마귀를 의미하는 단어가 되었다. 사탄은 교만하기 때문에 끊임없이 비판하고 비방하고 판단한다. 그래서 타인이 칭찬받는 것을 보지 못한다. 하나님께서 사탄에게 욥을 무척이나 칭찬하셨다. "네가 내 종 욥을 주의하여 보았느냐 그와 같이 온전하고 정직하여 하나님을 경외하며 악에서 떠난 자는 세상에 없느니라"(욥 1:8). 그러자 사탄이 욥을 비방하고 정죄하는 말을 한다. "욥이 어찌 까닭 없이 하나님을 경외하리이까 주께서 그와 그의 집과 그의 모든 소유물을 울타리로 두르심 때문이 아니니이까 주께서 그의 손으로 하는 바를 복되게 하사 그의 소유물이 땅에 넘치게 하셨음이니이다 이제 주의 손을 펴서 그의 모든 소유물을 치소서 그리하시면 틀림없이 주를 향하여 욕하지 않겠나이까"(욥 1:9-11). 인간 세상의 법정 기준으로 추론하자면, 하나님은 재판관이 되시고, 예수님은 변호사가 되시며, 사탄은 검사가 되는 셈이다.

사탄은 참소자이다. 정죄하는 일이 사탄의 일이다. 요한복음 8

장에는 간음 중에 붙잡힌 여인을 중심으로 예수님과 대중이 대립하는 모습이 나온다. 대중은 여인을 율법에 의거해서 죽여야 한다고 하지만, 예수님은 "너희 중에 죄 없는 자가 먼저 돌로 치라"(요 8:7)고 하시면서, 비방하고 판단하기 전에 자기 자신부터 성찰하라고 하셨다. 이 말을 듣고 남녀노소 할 것 없이 모든 사람이 돌을 땅에 내려놓고 도망치듯 그 자리를 피했다. 나중에는 예수님과 여인만이 남았다. 유일하게 사람을 심판하실 권한이 있으신 분은 성삼위 하나님이시다. 그런데 예수님은 그 여인을 정죄하시지 않았다. 여인의 회개와 변화 가능성을 더 높이 생각하신 것이다. "나도 너를 정죄하지 아니하노니 가서 다시는 죄를 범하지 말라"(요 8:11). 판단하고 정죄하기 전에, 치유하시고 회복하시고 변화시키신 것이다. 이것이 하나님의 마음이다. 우리는 하나님의 이 마음과 의도를 짓밟아서는 안 된다.

최후의 날에 백보좌 앞에서 있을 하나님의 심판과 구원만이 최종적이다. "한 번 죽는 것은 사람에게 정해진 것이요 그 후에는 심판이 있으리니"(히 9:27). 그때 우리 각자는 주님으로부터 "잘 하였도다 착하고 충성된 종아"라는 평가를 받도록 살아야 한다. 그날에 하나님의 인정과 칭찬과 면류관을 받도록 해야 한다. 사람에게 칭찬받으려고 애를 쓰지 말라. 사람에게 매이게 되면 하나님으로부터 풀려나게 된다. 하나님이나 말씀이 기준이 아니라 사람에게 인정을 받기 위해 위선적인 삶을 살게 된다.

살아가다 보면 사람들의 오해를 사거나, 비난 혹은 비판을 받을 수 있다. 하지만 진정으로 내가 하나님의 길을 걷고 있다면 그 비판은 한 귀로 듣고 한 귀로 흘려들을 줄도 알아야 한다. 내가 주께 받은 소명과 사명에 따라 타인의 눈을 의식하지 않고 올곧게 주의 길을 걷다 보면 비난은 불가피하게 받게 될 것이다. 담대하고 주눅 들지 말라. 그런데 이런 원리는 타인에게도 적용해 주어야 한다. 타인도 나와 동일한 원리에 따라 살아가고 있을지 모른다. 내가 비록 이해할 수 없을지라도, 그 사람도 나름대로 주를 바라보면서 자신의 삶과 사역을 꾸려가고 있을 것이다. 혹시 내 눈에 미흡하게 보이고 비난하고 싶은 것이 발생한다고 해도 성급하게 그를 비난하고 판단하지 말라. 대신 그의 미흡한 점은 도리어 나를 돌아보고 점검하는 타산지석(他山之石)이 되게 하라. 그 사람의 결점과 약점은 자기를 겸손하게 만드는 데 사용해야 한다. 진정으로 자신이 겸손하게 되었을 때 비로소 우리는 타인의 약점에 대해서 조심스럽게 이야기를 할 수 있게 된다. 사랑으로 행할 수 있게 된다.

결국 비방이나 판단을 하지 말라는 것은 형제를 사랑하라는 의미다. 사랑은 모든 율법의 완성이다. 그런 의미에서 우리가 타인이나 그의 행동에 대해서 내리는 판단은 사랑을 기반으로 해야 한다. 지금 보이는 것으로 판단하지 말고 소망을 가지고 말하면 좋다. "왜 이렇게 공부를 못하느냐?"라고 말하는 대신 "조금만 노력하면 더 잘할 수 있을 것 같다"라고 하면 얼마나 좋은가. "너는 하는 일마다 왜 그 모양이냐?"라고 말하는 대신 "좀 더 주의를 기울이면 탁월하게 해낼 수 있을 것 같아"라고 말해야 한다. 비방으로는 더 나은 사람을 만들 수 없다. 비방하고 판단하지 말고 겸손하게 사랑으로 서로를 대하고 말하기 바란다.

강의 영상

11
너희 생명이 무엇이냐

[13]들으라 너희 중에 말하기를 오늘이나 내일이나 우리가 어떤 도시에 가서 거
기서 일 년을 머물며 장사하여 이익을 보리라 하는 자들아 [14]내일 일을 너희
가 알지 못하는도다 너희 생명이 무엇이냐 너희는 잠깐 보이다가 없어지는
안개니라 [15]너희가 도리어 말하기를 주의 뜻이면 우리가 살기도 하고 이것이
나 저것을 하리라 할 것이거늘 [16]이제도 너희가 허탄한 자랑을 하니 그러한
자랑은 다 악한 것이라 [17]그러므로 사람이 선을 행할 줄 알고도 행하지 아니
하면 죄니라 약 4:13-17

작고하신 이어령 교수가 "젊은이는 늙고 늙은이는 죽는다"라고 강연하는 것을 들었다. 너무나 당연한 말 같지만 그것을 인식하지 못하고 사는 사람들이 너무 많다. 젊은이는 자기도 늙는다는 것을 모르기 때문에 늙은이를 이해하거나 배려하지 못하고 행동한다. 늙은이는 자기에게 곧 죽음이 찾아온다는 사실을 모르고 언제나 계속될 것처럼 행동한다. 그러므로 젊은이는 늙는다는 것을 생각하고, 늙은이는 인생이 얼마 남지 않았다고 생각하고 살면 지혜롭게 살 수 있을 것 같다. 그런데 나는 "젊은이도 죽을 수 있다"라는 말을 덧붙이고 싶다. 죽는 데에는 순서가 정해져 있지 않다. 그러므로 언제나 죽음 앞에 내 생명을 비추어 보아야 보람 있게 살 수

있을 것 같다. 그래서 지혜서는 잔칫집보다 초상집에 가라고 조언하고 있다. 우리가 경험하는 죽음은 오직 타인의 죽음뿐이다. 거기에서 죽음에 대한 교훈을 얻지 못한다면 인생을 어리석게 살 가능성이 많다.

'오이디푸스 콤플렉스'로 유명한 오이디푸스는 그리스 신화의 인물이다. 그는 방랑길에 올랐다가 테베라는 도시 왕국에 큰 환난이 생겼음을 들었다. 스핑크스라는 괴물이 나타나 사람들에게 수수께끼를 던지고 못 풀면 잡아먹는다는 것이다. 그 괴물이 내는 수수께끼는 이와 같다. "아침에는 네 다리로 걷고, 점심에는 두 다리로 걷고, 저녁에는 세 다리로 걷는 것이 무엇이냐?" 방랑 중이던 오이디푸스는 이 질문에 정답을 말해서 스핑크스를 쫓아내고 테베의 왕이 되었다. 그 정답은 "사람"이었다. 그리스 신화가 가르치고자 하는 내용은 인간의 유한성과 연약성이다. 처음 이 세상에 태어났을 때는 아무 힘이 없어 두 발과 두 팔로 엉금엉금 기는 것이 인생이다. 보잘것없는 존재, 남에게 도움을 받아야 하는 존재다. 그러나 어느 정도 성장하게 되면 자기 두 발로 걷게 된다. 가고 싶은 곳에 자유롭게 가고, 하고 싶은 일을 한다. 많은 것을 성취하기도 한다. 그러나 곧바로 황혼이 닥치고, 그때는 자기 힘으로 서 있을 수 없어서 지팡이를 짚고 세 발로 다닌다는 의미다. 여기에는 누구도 예외가 없다. 이것을 모르는 자는 교만한 자이고 깨닫는 자는 겸손한 자가 된다. 인간의 유한함과 연약함의 한계를 알고 있기 때문이다. 자기가 이전에 얼마나 미약했고 따라서 얼마나 많은 사람에게 의존했었는지를 깨닫는 사람은 겸손해진다. 스핑크스가 이 질문에 답하지 못한 사람을 죽인 이유는 인간이 지닌 연약함과 유한함이라는 본질을 깨닫지 못한 채 살아가는 것은 생명의 낭비이기 때문이다.

본문은 우리에게 "너희 생명이 무엇이냐?"(약 4:14)라고 묻고 있다. 막연한 질문 같다. 만일 구체적으로 "네 인생의 목적이 무엇이냐"라고 묻는다면 무엇이라고 대답하겠는가? 돈, 권력, 명예, 쾌락, 행복이라고 대답하겠는가? 하지만 그것들은 삶을 위한 도구이지 삶의 본질은 아니다. 우리는 자신의 정체성에 대한 물음을 주변의 사물로 돌린다. '존재에 대한 질문'을 '소유에 대한 질문'으로 바꾸어 대답하고 만다. 본문은 이 질문에 대해 중요한 힌트를 주고 있다. "너희는 잠깐 보이다가 없어지는 안개니라"(약 4:14). 안개, 그것도 잠깐 보이다가 사라지는. 인간의 연약성과 유한성을 말해 주는 표현이다. 다른 성경 말씀도 인생을 비슷하게 묘사했다. "내 날이 연기 같이 소멸하며 내 뼈가 숯 같이 탔음이니이다"(시 102:3). "내 날이 기울어지는 그림자 같고 내가 풀의 시들어짐 같으니이다"(시 102:11). "강한 자는 삼오라기 같고 그의 행위는 불티같아서 함께 탈 것이나 끌 사람이 없으리라"(사 1:31).

이사야 선지자는 인생을 풀에, 인생의 영광을 풀의 꽃으로 비유했다. "모든 육체는 풀이요 그의 모든 아름다움은 들의 꽃과 같으니 풀은 마르고 꽃이 시듦은 여호와의 기운이 그 위에 붊이라 이 백성은 실로 풀이로다 풀은 마르고 꽃은 시드나 우리 하나님의 말씀은 영원히 서리라"(사 40:6-8). 이처럼 인생은 연약하고, 우리가 추구하는 영광도 한시적이다. 따라서 세상에 있는 것들은 우리의 진정한 소망이 되지 못한다. 지혜로운 사람은 육체의 연약함과 인간 영광의 부질없음을 아는 사람이다. 진정한 소망을 가진 사람은 영원한 말씀에 소망을 두고 사는 사람이다.

많은 감동을 주었던 영화 〈러브 스토리〉는 시한부 인생을 살아가는 연인의 이야기다. 그런데 본질상 우리 인생 모두는 시한부 인생이다. 인간은 유한한 존재다. 다만 그 시한을 모르는 것일 뿐 우리는 사망률 100%의 삶을 살고 있다. "한 번 죽는 것은 사람에게 정해진 것이요"(히 9:27).

왕이 총애하던 신하가 반역죄로 잡혀서 사형판결을 받았다. 그래도 왕은 옛정을 생각해서 사형수에게 은전을 베풀어 사형 집행 방법만은 선택할 수 있도록 해주었다. 사형수는 곰곰이 자신이 죽는 것을 생각해 보았다. 교수형? 목을 매고 죽는다고 생각하니, 혀가 나오고 눈이 튀어나오고 발버둥을 치며 죽어가는 것이 너무 끔찍했다. 단두형? 단두대에서 시퍼런 칼이 위에서 떨어져 목을 자른다고 생각하니 소름이 끼쳤다. 독살형? 독을 마시는 순간 내장이 뒤틀리며 피를 토하고 고통스럽게 죽어간다고 생각하니 현기증이 났다. 생각 끝에 마침내 죄수가 왕에게 나아가 요청했다. "임금님, 아무래도 저는 늙어 죽는 방법이 제일 낫겠습니다." 이것은 일종의 자연 사형이다. 사실 우리는 모두 사형 언도를 받았다. 다만 집행 날짜를 모르고 그것을 기다리고 있을 뿐이다. 언제, 어디에서, 어떻게 죽을지를 모를 뿐 죽는다는 것은 확실하다. 레오나르도 다빈치는 "나는 사는 법을 배우고 있다고 생각했으나 실은 죽는 법을 배우고 있었다"라고 말한 적이 있다. 모세는 시편 90편에서 우리의 인생이 유한하다는 것을 아는 것만으로도 지혜를 얻게 된다고 말하고 있다. "우리에게 우리 날 계수함을 가르치사 지혜로운 마음을 얻게 하소서"(시 90:12).

"너희 생명이 무엇이냐?"(약 4:14) 야고보의 질문은 우리에게 인간의 연약성을 상기시킬 뿐만 아니라 우리의 짧은 인생을 보람 있고 가치 있는 곳에 투자해야 한다는 것을 알려 준다. 정신의학자 빅터 프랭클 박사는 심리적 고통 때문에 상담하러 온 사람들에게, "당신이 그렇게 고통스럽다면 왜 자살을 하지 않습니까?"라고 묻는다고 한다. 내담자는 이런 질문에 당황할 수밖에 없었을 것이다. 그런데 이렇게 묻는 것은 자살을 부추기는 것이 아니라 그의 대답을 듣고 싶기 때문이다. 이때 그의 대답은 그가 살아야 할 이유를 설명해 준다. 자식을 너무나 사랑한 나머지 죽지 못하는 사람도 있고, 재능을 발휘해 보지 못한 것이 억울해서 죽지 못하는 사람도 있고, 아련한 추억이나 막연한 기대 때문에 죽지 못하는 사람도 있다. '왜 사느냐'는 질문이나 '왜 죽지 않느냐'는 질문이나 매한가지다. 이러한 대답들을 토대로 하여 삶의 의미를 찾아내는 것이 '의미요법'(logotherapy)이다. "왜 사는지의 이유를 아는 사람은 어떤 고난도 이겨낼 수 있다"는 것이다. 프랭클은 나치의 아우츠비츠 수용소에서 살아남은 사람들의 공통점이 바로 삶의 의미를 붙드는 것이었음을 밝히고 있다. 야고보가 이런 도전적인 질문을 하는 것 역시 기독교인으로 하여금 삶의 의미를 바로 잡고 살라는 주문이다. 유한한 것 대신에 무한한 것, 지상적인 것 대신에 영원한 것을 추구하면서 살라는 도전이다. 당신은 장차 무엇을 남기고 떠날 것인가? 당신이 인생에서 이루려고 애쓰는 것은 무엇인가? 당신이 영원을 염두에 두고 오늘 하는 것은 무엇인가? 인생의 본질을 아는 지혜로운 사람은 자기 삶의 방향을 잘 설정하게 될 것이다.

본문에는 "우리의 생명이 무엇이냐"는 질문과 연관시켜 세 가지 잘못(악)이 나온다. 이것은 잘못된 인생 경영이다. 우리는 이것들이 무엇인지를 살펴보고 올바른 신앙자세를 정립해야 한다.

1. 하나님 없는 계획

그들은 하나님 없이 계획을 세우고 있다. 하나님은 안중에도 없고 오직 자신들의 육적 이익만을 생각하고 골몰한다. "오늘이나 내일이나 우리가 어떤 도시에 가서 거기서 일 년을 머물며 장사하여 이익을 보리라"(약 4:13). 그들은 시간과 기간("오늘이나 내일"), 장소("가서", "머물며"), 사업("장사하여"), 그리고 일의 성공("이익을 보리라")을 장담하고 있다. 마치 바벨탑을 쌓던 자들이 도모하던 말을 듣는 것 같다. 마치 자신이 인생의 주관자라도 되는 것처럼, 자기 생각대로 만사가 진행될 것처럼 말하고 있다. 자기가 뜻하는 대로 모든 것을 할 수 있는 것처럼 말이다. 이는 자신에 대한 과신이다. 미래에 대한 확신은 오직 하나님에게만 있다. 하나님 없는 미래는 교만과 자랑에 불과하다. 유한한 인간이 하나님의 허락 없이 자기 뜻대로 무엇을 성취할 수 있다고 전제하고 계획하는 것은 어리석은 짓이다. 하나님이 빠진 인생 계획이다. 그러므로 우리가 무엇보다 가장 먼저 알아야 할 것은 "하나님의 뜻"이다. 그래서 야고보는 이렇게 말해야 한다고 교정해 준다. "주의 뜻이면 우리가 살기도 하고 이것이나 저것을 하리라"(약 4:15). 하나님이 함께 하시는 계획이다. 자기 확신이 아니라 하나님의 절대주권을 믿는 삶이다.

1912년 4월 14일 영국 사우샘프턴 항에서 뉴욕으로 출발하던 타이타닉 호는 '하나님마저도 이 배만은 침몰시키지 못할 것'이라는 명성을 갖고 있었다. 당시에는 이 배에 승선하는 것만도 대단한 영광이었다. 그런데 하루 일찍 뉴욕에 도착하기 위해 전속력으로 항해하다 빙산과 충돌하여 2,208명 중 1,503명이 사망하는 대참사가 일어났다. 이것은 인간의 과신이 부른 재앙이었다.

흔히 하나님의 주권을 인정하지 않는 자들, 자만심에 빠져 있는 자들은 자신의 유익과 물질적 풍요를 최고의 가치로 추구한다. 그 대표적인 성경 사례가 어리석은 부자(눅 12:16-21)다. 그는 성실했고 열심히 일했다. 그해에 농사를 잘 지어서 풍작을 거두었다. 그는 행복한 고민에 빠졌다. "내가 곡식 쌓아 둘 곳이 없으니 어찌할까 하고 또 이르되 내가 이렇게 하리라 내 곳간을 헐고 더 크게 짓고 내 모든 곡식과 물건을 거기 쌓아 두리라 또 내가 내 영혼에게 이르되 영혼아 여러 해 쓸 물건을 많이 쌓아 두었으니 평안히 쉬고 먹고 마시고 즐거워하자 하리라"(눅 12:17-19). 세상적 관점에서 보면 이 사람은 부지런한 사람, 계획 있는 사람, 준비성 있는 사람, 지혜로운 사람, 성공한 사람, 부러움을 사는 사람이다. 그러나 하나님은 그를 "어리석은 자여(fool)!"라고 평가하신다. 왜 어리석은가? 곡식을 위해서는 곳간을 준비했지만 자기 영혼이 들어갈 천국을 준비하지 못했기 때문이다. 세상의 물질이 자기의 영혼까지 쉬게 해줄 것으로 착각했기 때문이다. 육신의 필요와 영혼의 필요를 혼동했기 때문이다. 물질로 영혼을 달래 보려고 했기 때문이다. 내일 죽을 것을 알지 못했기 때문이다. 자기의 영혼을 팔아 세상의 물질을 샀기 때문이다. 곡물이 많아지자 그의 생각은 "내가", "내 곳간", "내 곡식", "내 물건", "내 영혼" 등 온통 자기중심으로 흘렀다. "자기를 위해 재물을 쌓아 두고 하나님께 대하여 부요하지 못한 자"가 되어 버렸다. 그런 그에게 청천벽력 같은 소리가 들린다. "오늘 밤에 네 영혼을 도로 찾으리니 그러면 네 준비한 것이 뉘 것이 되겠느냐?"

하나님 없이 지상적 재물을 쌓는 자는 자신의 영혼을 해롭게 하는 자다. 예수님은 산상수훈에서 재물을 쌓으려거든 땅이 아니라 하늘에 쌓으라고 하셨다. "오직 너희를 위하여 보물을 하늘에 쌓아 두라 거기는 좀이나 동록이 해하지 못하며 도둑이 구멍을 뚫지도 못하고 도둑질도 못하느니라"(마 6:20). 우리가 죽을 때 곧 물질을 직접 가지고 갈 수 없지만, 살아 있는 동안 먼저 송금할 수 있는 방법은 있다. 바로 세상에 사는 동안 물질을 하나님 나라를 위해 쓰는 것이다. 그러면 바로 하늘에 송금이 된다. 아니면 하나님께 빌려드리는 것이다. 그것은 가난한 자, 갚을 수 없는 약자에게 선을 베푸는 것이다. 그날에 하나님이 갚아 주실 것이다. 이것이 바로 예수님이 가르쳐 주신 방법이다. 더구나 하늘에 보물을 두고 사는 사람은 하나님 나라를 소망하여 산다. "네 보물 있는 그곳에는 네 마음도 있느니라"(마 6:21). 땅에 쌓은 보물은 영원하지 않지만, 하늘에 쌓은 보물은 영원하다. 땅에 보물을 쌓는 것은 잘못하는 정도가 아니라 어리석은 짓이다. 반면 하늘에 보물을 쌓는 것은 옳은 정도가 아니라 지혜로운 행위다.

땅에 보물을 쌓아 두면 시간이 지날수록 점점 우리는 보물에서 멀어진다. 그러나 하늘에 쌓아 두면 죽음에 다가갈수록 점점 보물을 향해 나아가게 된다. 자신이 쌓은 보물에서 멀어지는 삶은 절망적이고, 자신이 쌓은 보물에 가까이 나아가는 삶은 소망적이다. 당신은 보물에서 가까워지는 삶을 살고 있는가, 아니면 멀어지고 있는 삶을 살고 있는가? 하늘에 재물을 쌓는다는 것은 곧 하나님을 소망하는 것이다. "네가 이 세대에서 부한 자들을 명하여 마음을 높이지 말고 정함이 없는 재물에 소망을 두지 말고 오직 우리에게 모든 것을 후히 주사 누리게 하시는 하나님께 두며"(딤전 6:17). 우리의 소망의 대상은 재물이 아니라 하나님이어야 한다. 우리의 안전은 많은 물질에 있는 것이 아니라, 하나님에 대한 믿음에 있다. 삶은 소유에서 존재로 전환되어야 한다. 청년기와 중년기의 탐욕에서 벗어나고, 온갖 종류의 포기와 상실을 거쳐서, 자기가 하는 일이나 성취한 것이나 소유한 것에서 자신의 정체성을 찾는 것이 아니라, 자기 안에서 참된 정체성을 찾는 단계로 나아가는 것이다. 하나님의 부르심 안에서 참된 정체성을 발견하게 되면 건강, 지식, 물질, 명예, 권력을 상실해도 마음에 평화, 소망, 사랑을 품게 된다.

하나님 없는 삶의 계획은 모래 위에 집을 짓는 것과 같다. 그것은 결코 이루어질 수 없다. 그뿐만 아니라 하나님을 지향하지 않는 인생 계획도 결국에는 썩어질 것만 얻는다. 우리 생명은 하나님으로부터 왔기에 우리는 생명을 다해 하나님을 지향해야 한다.

2. 허탄한 자랑

두 번째의 허물은 그들이 허탄한 자랑을 한다는 것이다. 무엇을 자랑하느냐가 그 사람의 됨됨이를 드러낸다. 허탄한 자랑도 있고 참된 자랑도 있다. "이제도 너희가 허탄한 자랑을 하니 그러한 자랑은 다 악한 것이라"(약 4:16). 그들이 말하고 있는 것은 아직 그 성취도 확신할 수 없는 계획일 뿐이다. 불확실한 것들이다. 그러나 그들은 마치 자신들의 마음속에 품고 있는 것이 다 성취된 것인 양 자랑하고 있다. 그래서 허탄한 자랑이다. "너는 내일 일을 자랑하지 말라 하루 동안에 무슨 일이 일어날는지 네가 알 수 없음이니라"(잠 27:1). 이는 그들의 교만을 드러내 준다.

그들의 자랑이 허탄한 이유는 그들이 자랑하는 모든 것이 결국 썩어 없어질 세상의 것들이기 때문이다. "이 세상이나 세상에 있는 것들을 사랑하지 말라 누구든지 세상을 사랑하면 아버지의 사랑이 그 안에 있지 아니하니 이는 세상에 있는 모든 것이 육신의 정욕과 안목의 정욕과 이생의 자랑이니 다 아버지께로부터 온 것이 아니요 세상으로부터 온 것이라 이 세상도, 그 정욕도 지나가되 오직 하나님의 뜻을 행하는 자는 영원히 거하느니라"(요일 2:15-17). 세상에서 온 것들은 다 소멸된다. 세상의 사치, 허영, 명예도 다 지나간다. 이생의 자랑은 하나님 나라까지 갈 수가 없다.

바울도 기독교인이 되기 전에는 자랑할 만한 것들이 있었다. 난 지 8일 만에 할례를 받았고, 이스라엘 족속이요, 베냐민 지파요, 히브리인 중의 히브리인이요, 율법으로는 바리새인이었다. 그러나 이 모든 자랑거리가 예수 그리스도를 아는 지식을 얻는 데 방해가 되었다. 그래서 그는 그 모든 자랑거리를 배설물처럼 여겼다. 대신 예수님을 믿은 후 참된 자랑거리가 생겼다. 십자가에 못 박혀 죽으신 예수님이 그의 자랑거리가 되었다. 그는 그리스도의 고난에 동참하는 십자가를 자랑으로 여겼다. 그리스도의 능력이 머물게 하기 위해 자신의 연약함을 자랑했다. 그의 전도를 통해 구원받은 성도들로 인해 자랑했다. 이것이야말로 기독교의 진정한 자랑거리다. 결국 우리는 성품으로 기억되고 하나님을 위한 일로 기억될 것이다.

우리의 진정한 자랑은 이 세상의 것이 아니라 다른 세상의 것이어야 한다. C. S. 루이스는 「순전한 기독교」에서 다음과 같이 말한다. "만일 내가 내 안에서 이 세상의 어떤 경험으로도 만족할 수 없는 갈망이 있음을 발견한다면 내가 다른 세상을 위해 지음을 받았기 때문에 그렇다는 것이 아마도 제일 좋은 설명일 것이다." 우리는 천국을 갈망하는 마음을 다른 것들로 채울 수 있다고 오해한다. 음식, 돈, 섹스, 향락, 명예, 권력, 학위, 여행, 휴가, 새 차, 큰 집 등을 자랑하고 있지만, 실상 이런 것들은 우리 마음의 빈 공간을 채울 수 없다. 이것들은 유한하기 때문에 영원하신 하나님의 자리를 결코 대신할 수 없다.

「레미제라블」의 작가 빅토르 위고는 자신의 작품을 회고하며 천국에서 할 일을 다음과 같이 말했다. "나는 내 안에서 미래의 삶을 느낀다. 나는 완전히 벌목 당한 숲과 같다. 새로운 싹들은 더 강하고 더 밝다. 나는 내 삶의 종착지에 다다를수록 더욱 더 분명하게 천국을 향해 올라가며, 나를 부르는 세계의 불멸의 오케스트라 소리가 점점 더 분명하게 들려온다. 반세기 동안 나는 역사, 드라마, 철학, 로맨스, 전통, 풍자, 송가 노래와 같은 생각들을 산문과 문장으로 옮겨왔다. 나는 이 모든 것을 시도해 보았다. 그러나 나는 내 안에 들어 있는 것의 천분의 일도 다 쏟아내지 못한 느낌이다. 내가 무덤으로 내려갈 때 다른 사람들처럼 나도 '내 날의 일은 끝났다'고 말할 수 있다. 그러나 '내 인생은 끝났다'고 말할 수는 없다. 내 일은 다음 날 아침 새롭게 시작될 것이다. 무덤은 막다른 골목이 아니라 통로다. 그 통로는 황혼 때 닫히지만 새벽 미명에 다시 열린다."

3. 행함 없는 선에 대한 지식

세 번째로 그들의 허물은 영적인 진리를 알고서도 아무런 일도 하지 않았다는 것이다. 의의 선생인 야고보가 그들의 자만과 교만에 대하여 일갈하면 그들은 틀림없이 이렇게 대꾸할 것이다. "우리도 다 알고 있습니다. 하나님께서 이 세상을 주관하시고 그분의 뜻이 없이는 어떤 일도 성취되지 않는다는 것을 말입니다. 우리가 그분에 의해 지음 받았고 그분의 영광을 위해서 살아가는 것도 다 알고 있습니다. 우리의 인생이 안개와 같이 짧다는 것도 다 알고 있습니다. 그러니 새삼스레 우리에게 설교하지 마세요." 그러면서도 새롭게 살려고 결단하지 않는다. 그들은 자신들이 알고 있다는 이유로 그 진리대로 살아가고 있다고 착각한다. 하지만 아는 것과 사는 것은 본래 동의어가 아니다. 알고 있는 지식대로 살지 않는다면 그들의 지식은 쓸모없는 것이다. 게다가 아는 대로 살지 않음은 하나님께 커다란 죄를 짓는 것이다. "그러므로 사람이 선을 행할 줄 알고도 행하지 아니하면 죄니라"(약 4:17). 선에 대한 지식이 있으면서도 행하지 않으면 위선이다. 하나님 없이 일에 바쁜 것도 죄이지만, 진리를 알면서 진리대로 행하지 않는 것도 죄다. 이는 태만의 죄다.

때때로 우리는 율법을 어기고 사악한 일을 행하는 것만이 죄라고 간주한다. 그러나 진리를 알면서 진리대로 살지 않는 것 역시 커다란 죄가 된다는 것을 명심하고 또 명심해야 한다. 물이 흘러내려오면 가만히 있던 배가 하류로 떠내려가듯, 지옥은 가만히 있어도 가게 된다. 이는 하지 말아야 할 것을 하는 '작위의 죄'와 대비하여, 해야 할 것을 하지 않는 '무작위의 죄'라고 할 수 있다. "생략의 죄"다. 착한 사마리아인 비유(눅 10:30-37)에서 강도는 작위의 죄를, 레위인과 제사장은 무작위의 죄를 지었다. 홍종명은 〈아무것도 하지 않은 폭력〉이라는 시에서 이렇게 외친다.

> 만약 자신의 이웃을 사랑하지 않는다면, 그것은 폭력이다.
> 만약 길 잃은 아이에게 길을 가르쳐 주지 않는다면, 그것은 폭력이다.
> 만약 목마른 아이에게 물 한 컵을 주지 않는다면, 그것은 폭력이다.
> 만약 배고픈 이에게 아무것도 주지 않는다면, 그것은 폭력이다.
> 만약 다른 이의 인격을 훼손한다면, 그것은 폭력이다.

우리는 말로가 아니라, 아는 것으로가 아니라, 행동과 삶으로 하나님께 응답해야 한다. 행함이 없는 선에 대한 지식은 교만하게 하고, 완악하게 하고, 결국 위선자를 만든다. 아예 모르는 것만도 못하다. 비록 하나님의 뜻이 선하다고 해도, 그 선한 말씀을 받은 후에 행치 않으면 죄가 된다. '달란트 비유'(마 25:14-30)가 이를 잘 설명해 준다. 주인이 먼 나라로 가면서 종을 불러 각자의 능력대로 다섯 달란트, 두 달란트, 한 달란트를 맡겼다. 다섯 달란트와 두 달란트를 받은 종은 즉시 가서 장사하여 원금과 동일한 이윤을 얻었다. 그러나 한 달란트 받은 자는 그 돈을 가지고 가서 땅에 묻어 두었다. 주인이 돌아와 결산하는 중, 한 달란트 받은 자에게 "악하고 게으른 종"이라고 책망하였다. 그는 무익한 종으로서 바깥 어두운데 쫓겨나 이를 갈게 되는 비극에 처해질 것이다. 소유만 하지 말고 소통하라.

우리가 죽었을 때, 우리는 우리가 행한 선한 일로 기억된다. 자신을 위해 행한 일이 아니라 다른 사람을 위해 한 일로 기억된다. 이 세상만이 아니라 영원을 위해 살았던 일로 기억된다. 이런 사람들은 죽었으나 그들의 행위로 여전히 살아 있다. 야고보 공동체의 사람들은 진리를 알고 있으면서도 제대로 실천하지 않은 자들이었다. 관념적인 신앙만을 지닌 자들이었다.

그러면 삶에 대한 바른 응답은 무엇인가?

위에서 야고보가 꾸짖고 있는 세 가지 잘못된 태도를 보았다. 그들은 하나님 없이 계획했고, 허탄한 자랑을 했고, 행함 없는 지식을 지니고 있었다. 이 모든 것이 죄다. 과신, 교만, 태만의 죄다. 그렇다면 우리는 어떻게 살아가야 할까?

첫째로 우리는 생명 있는 동안 생명의 공급자 되신 창조자 하나님을 기억해야 한다. "흙은 여전히 땅으로 돌아가고 영은 그것을 주신 하나님께로 돌아가기 전에 기억하라"(전 12:7). 우리는 전도자처럼 물질, 권력, 지식, 향락, 명예가 허무하다는 것을 알고 있다. 그런 모든 자랑이 허탄한 것임을 잘 알고 있다. 우리는 인간의 존재가 얼마나 무상한가를 잘 알고 있지만, 그렇다고 해서 비관하지는 않는다. 오히려 그렇기 때문에 하나님 나라를 더욱 소망한다.

둘째로 우리는 우리의 시간이 주님 손에 있음을 고백해야 한다. 우리의 삶은 하나님께 받은 선물이다(Life is a gift). 우리의 삶은 하나님이 주신 기회다(Life is an opportunity). 현재(present)는 하나님이 주신 선물(present)이다. 톨스토이는 '왕의 세 가지 질문'을 소개한 적이 있다. "이 세상에서 제일 중요한 때는 언제냐?" 답은 '현재'다. "이 세상에서 제일 중요한 사람은 누구냐?" 답은 '지금 만나는 사람'이다. "이 세상에서 제일 중요한 일은 무엇이냐?" 답은 '지금 내 옆에 있는 사람에게 선을 행하는 것'이다. 현재에 최선을 다하는 것이 아름다운 과거와 영광스러운 미래를 만드는 것이다. 현재는 미래의 희망이 이미 현실로 들어와 창조된 시간이다. 지금이 일할 기회, 충성할 기회, 감사할 기회다. 그러므로 "주의 뜻이면 우리가 살기도 하고 이것이나 저것을 하리라"(약 4:15)는 고백이 나와야 한다.

셋째로 하나님의 뜻에 따라 살아가는 것이다. 하나님이 함께하시는 계획을 세우는 것이다. 하나님이 원하시는 삶을 살아가는 것이다. 우리는 하나님이 설계하신 대로 살아가야 한다. 만약 우리가 하나님과 무관하게 계획을 세웠는데 하나님께서 그 계획을 변경하신다면 우리 삶은 좌충우돌하고 수많은 사고와 장애가 발생할 것이다. 바울도 그의 서신에서 "주께서 허락하시면"이라는 표현을 자주 사용했다. "그런즉 너희가 어떻게 행할지를 자세히 주의하여 지혜 없는 자 같이 하지 말고 오직 지혜 있는 자 같이 하여

세월을 아끼라 때가 악하니라 그러므로 어리석은 자가 되지 말고 오직 주의 뜻이 무엇인가 이해하라"(엡 5:15-17).

넷째로 '의미'에서 '초의미'(super-meaning)로 나아가는 삶을 살아야 한다. 소유에서 존재로 나가는 삶이다. 우리 인생에서 일어나는 모든 일이 합리적으로 이해되는 것은 아니다. 때로 의미 부여를 할 수 있는 일들도 있지만, 간혹 의미를 줄 수 없는 것들도 있다. 우리를 당혹스럽게 하는 시련과 환난이 그것이다. 그때는 하나님에게 어떤 뜻이 있을 것임을 믿어야 한다. 실존주의 철학자들처럼 "구토 나는 삶의 무의미"를 그냥 견디는 것이 아니라, 하나님께는 의미가 있을 것이라는 초의미를 믿어야 한다. 하나님의 선하심을 믿고 전적으로 내어 맡겨야 한다. 초의미를 인정할 때 "우리가 알거니와 하나님을 사랑하는 자 곧 그의 뜻대로 부르심을 입은 자들에게는 모든 것이 합력하여 선을 이루느니라"(롬 8:28)라는 말씀이 이해될 것이다.

신약의 지혜서인 야고보서는 이렇게 묻고 있다. "너희 생명이 무엇이냐?" 우리 생명은 하나님께로부터 왔다. 우리 생명은 하나님의 뜻대로 사명을 감당하는 것이다. 이것이 지혜로운 삶이다. 우리는 안개일 뿐이다. 뜨거운 태양이 뜨면 곧 흩어질, 실체 없는 안개다. 세상의 영광도 풀의 꽃처럼 잠시 후 시들고 말 것이다. 이 진리를 진정으로 깨닫는다면 우리는 인생을 허비하지 않게 된다. 세세만년 살 것처럼 방탕하게 살지 않고 정숙하고 질서 있게 살며, 목적이 이끄는 삶을 살아가게 된다. 주어진 시간을 선용하여 영원한 천국의 삶을 더욱더 풍요롭게 가꿀 것이다. "너희는 이 세대를 본받지 말고 오직 마음을 새롭게 함으로 변화를 받아 하나님의 선하시고 기뻐하시고 온전하신 뜻이 무엇인지 분별하도록 하라"(롬 12:2).

강의 영상

12
울고 통곡하라

[1]들으라 부한 자들아 너희에게 임할 고생으로 말미암아 울고 통곡하라 [2]너희
재물은 썩었고 너희 옷은 좀먹었으며 [3]너희 금과 은은 녹이 슬었으니 이 녹이
너희에게 증거가 되며 불 같이 너희 살을 먹으리라 너희가 말세에 재물을 쌓
았도다 [4]보라 너희 밭에서 추수한 품꾼에게 주지 아니한 삯이 소리 지르며 그
추수한 자의 우는 소리가 만군의 주의 귀에 들렸느니라 [5]너희가 땅에서 사치
하고 방종하여 살륙의 날에 너희 마음을 살찌게 하였도다 [6]너희는 의인을 정
죄하고 죽였으나 그는 너희에게 대항하지 아니하였느니라 약 5:1-6

누가복음 16장에는 부자와 나사로 이야기가 나온다(눅 16:19-31). 부자는 왕같이 사치스럽고 호화로운 생활을 했다. 그의 의복은 자색 옷과 고운 베옷이었는데, 자색 옷은 당시 왕이나 귀족들만 입던 매우 비싼 옷이었으며, 고운 베옷은 같은 무게의 금보다 두 배나 더 비쌌다고 한다. 그는 매일 잔치를 벌이며 세상 연락을 즐겼다. 세월이 흘러 그 부자가 죽었을 때 얼마나 성대하게 장례식을 치렀을까? 그는 모든 사람에게 알려지고 부러움을 사는 사람이었을 것이다. 그 부자의 묘지 앞 커다란 묘비에는 그의 이름이 크게 새겨져 있었을 것이다. 그 이름을 아는가? 당시 사람들은 알고 있었을 것이다. 그러나 성경은 그 부자의 이름에 대해 침묵하고 있

다. 누군지 알 필요도 없다는 것이다. 반면 그 부자의 집 대문 앞에는 몸이 성치 못한 거지가 있었다. 그는 부자의 식탁에서 떨어지는 것으로 연명했고, 개들이 와서 그의 헌 데를 핥기도 했다. 그가 죽었을 때 정상적으로 매장을 하지도 않았을 것이다. 하지만 그의 영혼은 천사들에게 받들려 천국에 가게 되었다. 그의 이름은 '나사로'로서 '하나님이 도우시는 자'라는 의미다. 유대인에게 이름은 무척이나 중요하다. 자신의 이름을 아름답게 그리고 세세토록 남기는 것은 모든 유대인의 꿈이다. 땅에서의 삶은 비록 힘들고 험악했지만 경건한 삶의 태도를 가진 거지는 아름다운 이름을 남겼다. 반면 온갖 향락을 누렸던 부자는 그저 '한 부자'라는 말로 회자되며, 우리가 본받지 말아야 할 반면교사로 등장한다. 당신은 누가 되고 싶은가? 부자인가 아니면 거지 나사로인가? 교인에게 물었더니 살아서는 부자가 되고 싶고 죽어서는 나사로가 되고 싶다고 한다. 부유함이 반드시 복인가? 가난함이 확정적으로 악인가? 하나님의 생각과 인간의 생각은 다르고, 하나님의 길과 인간의 길은 다르다. 그런 점에서 주의 깊은 고찰이 필요하다.

확실히 세상에서는 재물이 많은 것을 복으로 간주한다. 황금만능주의, 물질주의가 팽배한 현대에는 더욱 그런 생각이 확산되어 있다. 흥사단 투명사회운동본부 윤리연구센터에서 매년 동일한 질문으로 고등학생들의 인식 변화를 조사했다. 그 질문은 이것이다. "만약 당신에게 10억을 준다면 1년 정도 감옥에 가도 괜찮은가?" 충격적이게도 설문에 참여한 고등학생 중 "그렇다"고 응답한 학생들의 비중이 점점 늘어가고 있다고 한다. 2013년에는 44%, 2015년에는 56%, 2019년에는 57%가 긍정적으로 응답했다. 이런 추세는 시간이 갈수록 더욱 증가할 전망이다. 돈으로 할 수 있고 누릴 수 있는 것들이 많아지고 있는 시대적 추세와 궤적을 같이 한다.

그런 점에서 세상에서는 "부자들아! 웃고 기뻐하라"라고 말을 할 법한데, 야고보는 "부자들아! 울고 통곡하라"라고 말한다. "들으라 부한 자들아 너희에게 임할 고생으로 말미암아 울고 통곡하라"(약 5:1). 야고보는 현재 지혜자로서 영적 교훈을 전달하고 있을 뿐만 아니라, 선지자가 되어서 종말론적 메시지를 전달하고 있다. 많은 재물을 축적하고 부자로 살면 현재는 편안하고 좋은 것 같지만, 장차 종말에 임할 재난과 고통이 그를 휘몰아칠 것이라는 뜻이다. 앞으로 당할 비참함 때문에 지금 울고 통곡하라는 의미다.

많은 심리학자들이 인간을 행복하게 만드는 것이 무엇인지 연구했다. 학자들이 발견한 것은 뜻밖이었다. 행복은 돈으로 살 수 없다는 것이다. 행복과 돈은 상관관계가 없다는 것이다. 오히려 돈 때문에 불행해진 사람들이 많다는 것을 발견했다. 예를 들어 일리노이 주립대학 에드 디너 교수는 "물질주의는 유해하다!"라고 하면서, 행복을 얻기 위해 돈을 축적하거나 쓰는 사람들이 그렇지 않은 사람들에 비해 오히려 인생의 만족감을 느끼지 못하는 경향이 많다고 했다. 미시간 대학 크리스토퍼 피터슨 교수는 행복과 가장 밀접하게 연관된 인간의 성품은 '용서'라고 말하면서 "용서는 모든 덕목의 여왕이요 가장 얻기 힘든 특질이다"라고 했다. 인간의 행복은 돈이 아니라 용서에 있음을 밝힌 것이다. 전무후무한 지혜를 가지고 세상에 존재하는 모든 종류의 쾌락과 기쁨을 맛보았던 솔로몬은 그의 전도서에서 이렇게 말하고 있다. "은을 사랑하는 자는 은으로 만족하지 못하고 풍요를 사랑하는 자는 소득으로 만족하지 아니하나니 이것도 헛되도다"(전 5:10). 은과 풍요를 통해 행복을 누려 보려는 것은 밑 빠진 독에 물 붓기처럼 헛된 일이라는 것이다. 예수님도 공생애 동안 재물에 대해 많은 말씀을 하셨다. 예수님의 38개의 비유 중 16개가 돈에 대한 것이다. 사람들은 어느덧 돈을 하나님의 경쟁상대로 만들어 버렸다. 무리 중 한 사람이 예수님께 접근해서 자기 형이 자기와 유산을 분배할 수 있게 도와 달라고 요청하자 예수님은 "삼가 모든 탐심을 물리치라 사람의 생명이 그 소유의 넉넉한 데 있지 아니하니라"(눅 12:15)고 하셨다. 부모로부터 많은 재산을 상속받는다고 한들 그것 자체가 생명을 보장해 주는 것이 아니며, 도리어 사람을 불행하게 하니, 생명을 좀먹는 탐심을 제거하는 것이 더 낫다는 말씀이다. 아무리 공정하게 법적으로 유산을 배분한다고 해도 탐심을 버리지 않는 한 누구도 만족시킬 수 없다.

마태의 산상수훈(마 5-7장)에 해당하는 누가의 평지설교(눅 6:17-49)에서 예수님은 이렇게 말씀하셨다. "너희 가난한 자는 복이 있나니 하나님의 나라가 너희 것임이요"(눅 6:20). 동일한 말씀이 마태복음에는 다음과 같이 표현되어 있다. "심령이 가난한 자는 복이 있나니 천국이 그들의 것임이요"(마 5:3). 주석가들에 따르면 이 부분에서는 누가의 자료가 마태의 자료보다 더 원형을 담고 있다고 본다. 누가는 물질적으로 가난한 자를 말하고 있지만, 마태는 심령이 가난한 자로 확대하고 있기 때문이다. 교회 안에 어느덧 물질적으로 부유한 자들이 나타나게 되었고 그들에 대한 목회적 관점을 고려하다 보니 "심령이"라는 말이 덧붙게 된 것이 아닌가 하고 생각된다. 심지어 누가는 복에 이어 화를 선포하는데, "화 있을진저 너희 부요한 자여"(눅 6:24)라고 말하고 있다. 물론 마태가 전한 말씀도 영적으로 진리다. 진정으로 중요한 것은 심령에 있기 때문이다. 하지만 예수님이 근본적으로 말씀하신 것은 물질적으로 가난한 사람들에 대한 축복이다. 가난한 자들은 예수님의 우선적 관심의 대상이다. 누가복음과 사도행전을 기록한 누가는 물질 문제를 중요하게 다루고 있다. 믿음을 가지게 되면 세계관이 필연적으로 변화되는데, 특별히 물질관이 변화한다.

왜 예수님은 물질적으로 가난한 자가 복이 있다고 선언하셨는가? 가난한 자는 하나님 나라를 사모한다. 가난한 자는 이 세상에 소망을 두지 않고 하늘나라에 소망을 두고 산다. 가난한 자에게는 하나님의 나라가 복음이다. 왜냐하면 하나님의 나라만이 그의 상황과 사정을 전적으로 변화시켜 줄 것이기 때문이다. 반면 부자들은 이 세상에 소망을 두고, 이 세상의 것을 자랑하며, 이 세상에 마음이 빼앗겨 어떻게 해서든지 이 세상에서 삶을 연장하려 한다. 따라서 그들의 관심은 하나님의 나라가 아닐 수도 있다. 초대교회를 구성한 성도들은 가난한 사람들이었다. 초창기의 전도자들은 하나님의 이적과 기적을 바탕으로 빈부를 막론하고 복음을 선포했지만, 교회의 주류를 이룬 것은 역시 빈자 계층이었다. 바울은 고린도교회 성도를 향해서 그들의 출신 성분에 대해서 언급하고 있다. "형제들아 너희를 부르심을 보라 육체를 따라 지혜로운 자가 많지 아니하며 능한 자가 많지 아니하며 문벌 좋은 자가 많지 아니하도다 그러나 하나님께서 세상의 미련한 것들을 택하사 지혜 있는 자들을 부끄럽게 하려 하시고 세상의 약한 것들을 택하사 강한 것들을 부끄럽게 하려 하시며 하나님께서 세상의 천한 것들과 멸시 받는 것들과 없는 것들을 택하사 있는 것들을 폐하려 하시나니 이는 아무 육체도 하나님 앞에서 자랑하지 못하게 하려 하심이라"(고전 1:26-29).

누가복음 19장에는 여리고의 세리장 삭개오가 나온다. 당시 세리는 매국노라는 지탄을 받고 사람들에게 멸시를 당했으며 창녀와 함께 죄인의 대명사로 꼽혔다. 그런데 왜 삭개오는 세리장의 자리에까지 오르는 사람이 되었는가? 그가 나라와 민족을 배신하고 사회적으로 무시를 받음에도 세리가 된 이유는 순전히 돈 때문이었다. 욕은 먹지만 부자로 살면서 많은 편의와 쾌락과 안락함을 누릴 수 있었기 때문이다. 하지만 우리는 삭개오가 그런 생활에서 결코 행복하지 못했음을 추론할 수 있다. 돈이 삭개오를 행복하게 해주었다면 예수님을 만나 보려고 애를 쓰지 않았을 것이다. 예수님에 대해 관심도 없었을 것이다. 나이 든 성인이 누군가를 보기 위해서 뽕나무에 오르는 부끄러운 일도 감행하지 않았을 것이다. 그가 소유한 돈은 그에게 안식과 평안을 줄 수 없었다. 그에게는 돈으로 채울 수 없는 마음의 빈 공간이 있었고, 그 공간이 너무 커서 예수님께 나아갔던 것이다. '혹시 그 유명한 예수님을 만나면 영혼의 문제를 해결할 수 있지 않을까' 하는 기대와 바람이 있었던 것이다. 예수님을 만났을 때 삭개오는 그의 기대와 소원이 헛되지 않았음을 깨닫고 회심하게 되었다. 그의 회심은 물질관의 변화를 동반했다. 회심하기 전에는 물질 지상주의였다면, 회심 후에는 물질의 가치와 중요성이 상대화되어 버렸다. 전에는 물질을 위해 영혼을 팔던 사람이 이제는 영혼을 위해 물질을 내려놓을 수 있게 되었다. 삭개오는 예수님께 자신의 소유의 절반을 가난한 자를 위해 내놓겠다고 약속했고, 만약 부당하게 속이고 탈취한 것이 있다면 네 배로 갚겠다고 서원했다(눅 19:8). 그의 변화는 생활에서 구체적으로 나타났는데, 바로 물질관의 변화다. 회개가 우리 삶에 나타난다는 것은 우리 삶의 방식이 바뀐다는 의미인데, 특별히 물질에 대한 우리의 생각과 태도와 방법이 달라진다. 만약 예수님을 믿고도 물질에 대한 삶의 방식이 바뀌지 않았다면 진정으로 회개했다고 말할 수 없다. 이에 예수님은 삭개오의 서원과 약속의 말을 들으시고 선언하셨다. "예수께서 이르시되 오늘 구원이 이 집에 이르렀으니 이 사람도 아브라함의 자손임이로다"(눅 19:9). 영혼을 희생시켜 가며 재물을 축척하던 삭개오가 재물을 드려 영혼을 구하는 사람이 되었다. 영적 파산 상태였던 삭개오가 이제 물질 파산 상태라도 감내하는 자가 되었다. 그에게 구원이 이르렀다. 이것이 진정 지혜롭고 복된 삶이다.

우상은 무엇인가? 금은목석동철로 사람과 짐승과 벌레의 형상을 만드는 것만이 우상은 아니다. 우상은 하나님보다 더 사랑하고 신뢰하고 순종하는 것이다. 그것이 무엇이 되었든지 우리 마음속에서 하나님보다 우위에 두는 것이 우상이다. 물질이 우상이 된 사람은 하나님보다 물질을 더 사랑하고 신뢰하고 섬긴다. 그런 사람은 물질의 종이다. 연예인이 우상이 된 아이들을 보라. 직접 본 적 없고 자기를 알지도 못하는 연예인을 자기 부모보다 더 사랑하고 더 신뢰하며, 물질을 아끼지 않고 쓰면서 시간을 내어 그가 어디로 가든지 따라다닌다. 그래서 아이돌이 우상이다. 아이돌(idol)이라는 말 자체가 우상이라는 의미다. 요사이는 신(神, 갓)이라는 말을 쓰기도 한다. 인간에게 있어서 보편적인 우상은 역시 재물, 즉 돈이다. 돈은 가장 보편적인 가짜 신이다. 그래서 야고보는 우리에게 경고하고 있다.

야고보는 "보라"라는 말로 주의를 환기시킨 뒤 "부한 자들"을 호칭하면서 "울고 통곡하라"고 명령한다. 왜 "울고 통곡하라"는 것인가? "너희에게 임할 고생" 때문이다. '너희에게 임할 행복'이 아니라 '너희에게 임할 고생'이란 표현에 유의해야 한다. 돈이 행복이 아니라 불행과 고생과 심판을 불러오기 때문이다. 물론 이렇게 말하는 것은 이들에 대한 악의가 아니라 선의와 긍휼 때문이다. 지금 잘못된 길을 가고 있는 부자들이라도 회개한다면 종말의 심판을 면할 수 있다. 지금 울고 통곡하는 회개만이 이 심판을 피하게 해줄 것이다. 개역개정판 성경에는 번역되어 있지 않지만, 원문에는 헬라어 '뉜'이 있는데 '지금'이라는 단어다. '지금' 울고 통곡하고 회개하면, 나중에 울고 통곡할 일이 없어진다는 뜻이다. 분명 '울고 통곡'을 할 터인데, 지금 하면 나중에 영원히 그럴 일이 없고, 지금 하지 않으면 영원히 울고 통곡할 것이다. 존 틸로트슨 대주교가 말하기를 "이 세상의 삶을 위해서는 많은 것들을 대비하지만 영원의 세상에는 아무 관심도 갖지 않는 사람은 잠시 현명할지 몰라도 영원한 바보가 된다"고 했다.

야고보는 그 당시 부의 보이는 상징들을 제시하는데 그것은 음식, 옷, 귀금속이다. 지금 같으면 자동차, 집, 현금을 말할지 모르겠다. "너희 재물은 썩었고"(2절)에 나오는 "재물"은 음식물 즉 곡식을 의미한다. 당시 부자들은 음식과 옷과 귀금속을 풍성히 축적하고 있었다. 그것은 평생 그들에게 자랑거리요 든든한 산성과 같았다. 하지만 너무 많은 재산을 축적한 탓에 자신도 사용하지 못하고 부패하고 썩어 버리고 말았다. 그 부자의 창고와 옷장과 금고에서 말이다. "너희 재물은 썩었고 너희 옷은 좀먹었으며 너희 금과 은은 녹이 슬었으니"(약 5:2-3). 아끼면서 쓰지 않고 소유만 했더니 이런 결과가 나온 것이다. 당시의 창고나 보관 기술을 생각해 보라. 재물은 소유하라고 주신 것이 아니라 소통하라고 주신 것인데, 소유만 하고 있으니 그렇게 된 것이다. 재물의 주인은 하나님이시다. 하나님께서 재물을 창조하신 것은 인간 전체를 유익하게 하기 위함이다. 한 사람에게 재물을 풍성하게 부어 주시는 것은 그 사람에게 복이 되겠지만, 한편으로는 이웃을 돌보고 베풀 책임과 사명도 함께 맡겨 주신 것이다.

초대 예루살렘교회에 하나님의 은혜와 성령의 역사가 강력하게 나타났을 때 교우들이 보인 행동을 보면, 확실히 물질관에 대한 분명한 변화가 있었다. "믿는 사람이 다 함께 있어 모든 물건을 서로 통용하고 또 재산과 소유를 팔아 각 사람의 필요를 따라 나눠 주며"(행 2:44-45). "믿는 무리가 한마음과 한 뜻이 되어 모든 물건을 서로 통용하고 자기 재물을 조금이라도 자기 것이라 하는 이가 하나도 없더라"(행 4:32). 앞에 삭개오가 보인 행동이 교회 공동체에서 집단적으로 나타난 것이다. 그 가운데 밭을 팔아 사도들 앞에 놓은 바나바가 있다(행 4:36). 초대교회에는 가난한 신자들이 모였지만 모두가 부족한 것이 없었다. 이것이 초대교회의 부흥과 헌신의 원동력이 되기도 했다. 그런데 이제 시간이 지나 신자들이 부요해지고는 있는데, 야고보 공동체의 부자들은 초대교회와는 정반대로 행동하고 있었다.

한편 재물이 썩고, 옷이 좀먹고, 은금이 녹이 쓰며 변색하는 현상은 인간들이 우상시하는 부요함도 유한한 것임을 알게 한다. 재물은 결코 영원하지 않고 일시적이다. 그것은 부패하고 낡아지고 부식된다. 그 재물로 인한 영광도 유한하다. 따라서 유효기간이 경과하기 전에 재물을 하나님이 기뻐하시는 뜻대로 사용하는 것이 지혜롭고 현명하다. 자기 사명대로 사용되지 못한 재물은 그 소유

자에게 화를 내게 되며, 소유자는 재물로 인한 화를 당하게 된다. "불 같이 너희 살을 먹으리라"(약 5:3). 제대로 사용되지 못한 재물은 자신에게 유익이 되지 못하고 도리어 망하게 한다. 불같은 심판을 당하게 된다. 심지어 그들이 재물을 축재한 때는 말세였다. "너희가 말세에 재물을 쌓았도다." 말세는 인류 역사가 종결되고 모든 것이 하나님의 기준대로 심판을 받아 정해진 자리로 회복되는 때다. 이스라엘에 희년 제도를 둔 이유는 지상에서 불가피하게 나타나는 경제적인 극단적 격차를 해소하여 공정한 경제사회를 재건하기 위해서다. 희년을 앞둔 시점에서는 누구라도 재산을 증식하려 하지 않는다. 이것은 어리석은 행위가 될 것이다. 말세를 만난 야고보 공동체의 부자들은 도리어 재산을 증식하기에 바빴다. 재산 축재에 대해, 재산 사용의 의무에 대해 추궁당할지도 알지 못한 채 말이다. 말세가 되기 전에 소통을 해야 한다. 달란트를 결산하기 전에 부지런히 소통해야 한다. 그렇지 않으면 한 달란트를 그냥 묻어 두었던 자처럼 소통하지 않은 것 때문에 고통을 당하게 된다. 재물을 쌓는 것은 심판을 쌓는 결과를 가져온다. 마지막이 가까이 올수록 더 잘 써야 한다. 재물은 그냥 소유하라고 준 것이 아니라 소통하라고 준 것이다. 아니면 가난한 자들에게 구제하는 방식으로라도 하나님께 꾸어 드려야 한다. "가난한 자를 불쌍히 여기는 것은 여호와께 꾸어 드리는 것이니 그의 선행을 그에게 갚아 주시리라"(잠 19:17).

예수님의 비유에 나오는 어리석은 부자(눅 12:16-21)는 자기의 인생이 끝나는지도 모르고 창고에 쌓아 놓기만 했다. 말세는 예수님이 재림하시는 우주적 종말도 있지만, 내가 세상을 떠나는 개인적 종말도 있다. 우리는 항상 두 가지 종말에 대비해야 한다. 오늘이 나에게 말세와 종말이 될 수 있음을 명심해야 한다. 만약 오늘 밤에 하나님께서 당신의 영혼을 거두어 가신다면 그래도 쌓아 두겠는가? 아마도 곳간을 활짝 열고 하나님이 기뻐하시는 좋은 데에 사용할 것이라 믿는다. 종말의 때를 살아가는 사람은 삶의 방식이 분명하게 달라져야 한다. 예수님을 믿으면서도 이전의 삶의 방식대로 살아서는 안 된다. 하나님의 나라가 없는 것처럼, 하나님의 심판이 없는 것처럼 살아가서는 안 된다. 마지막이 가까울수록 재물을 잘 사용해야 한다.

탈무드에 이런 이야기가 나온다. 조그마한 가게를 운영하고 있는 유대인이 병이 깊어져 드디어 운명의 시간을 맞이하고 있었다. 그의 곁에는 근심에 싸인 식구들이 둘러앉아 그를 지켜보고 있었다. 환자가 무거운 입을 열어 말했다. "여보, 당신 어디 있소?" 가족들은 모두 환자의 말에 숨을 죽이고 귀를 기울였다. 마지막 유언이 있을 것이라 생각했기 때문이다. "예, 나 여기 있어요" 하고 그의 아내가 환자의 손을 잡으며 대답했다. 그러자 환자는 식구들을 한 명씩 돌아가며 찾았다. "딸애는 어디 있느냐?" 딸이 대답했다. "아빠, 제가 여기 있잖아요. 아버지 손을 잡고 있는 게 아버지의 딸 저예요." 큰아들도 작은아들도 작은딸도 빠지지 않고 다 찾았다. 한 사람 빠지지 않고 모두 환자 곁에 둘러 있었다. 그러자 환자는 안간힘을 쓰고 일어나 앉았다. 그러고는 거친 숨을 몰아쉬면서 마지막 말을 남겼다. "모두 다 여기 있군. 그러면 가게는 누가 보고 있단 말이냐?" 돈을 좋아하는 유대인을 빗댄 것이다. 하지만 우리에게도 이런 유대인의 모습이 있지 않은지 성찰해야 한다.

영어권 잠언에 "Money talks!"라는 말이 있다. 직역하면 '돈이 말한다'이지만, 의역하면 '돈이 전부다', '돈이면 다 된다', '돈이 있으면 귀신도 부리다'라는 말이다. 돈의 위력을 드러내는 표현이다. 그런데 과연 그러할까? 「정의론」으로 유명한 마이클 샌델 교수가 쓴 「돈으로 살 수 없는 것들」이라는 책에 보면 행복, 평안, 인간다운 삶 등은 돈으로 살 수 없다고 한다. 그런데 세상에서도 돈으로 살 수 없는 것들, 이를테면 학위, 상, 지위, 장기, 혈액 같은 것을 돈으로 사려고 하면 온갖 부정과 비리가 생기는 것이다. 특별히 하나님 앞에서는 돈으로 할 수 없는 일이 부지기수다. 돈과 관련해서 하나님이 관심을 두시는 것은 '그 사람이 얼마나 재산을 갖고 있는가'가 아니고 '어떤 방식으로 그 돈을 벌었는가', '그 돈을 어떻게 사용했는가'에 있다. 즉 하나님은 돈을 얻는 방식, 돈을 간직하는 방식, 돈을 쓰는 방식에 관심을 두시고 심판하신다. 그래서 야고보는 "보라"라고 하면서 4절에 이처럼 말한다. "보라 너희 밭에서 추수한 품꾼에게 주지 아니한 삯이 소리 지르며 그 추수한 자의 우는 소리가 만군의 주의 귀에 들렸느니라." 품꾼의 삯이 소리를 지른다는 것은 임금 체불을 의미한다. 추수한 자는 대개 하루 벌어 하루를 살아가는 일용직 근로자일 텐데 임금체불로 극단적 생존 위기에 빠진 것을 의미한다. 그래서 하나님의 귀에 그들의 호소가 들어가게 된 것이다. 야고보 공동체 소속 부자들은 이처럼 착취, 부당이익, 고리대금, 인권 침해를 통해 재산을 모았다. 다른 사람의 몫을 가로채서 모은 것이다. 부자들의 귀에는 품삯이 지르는 소리, 추수꾼의 우는 소리가 들리지 않을지 몰라도, 하나님의 귀에는 너무나도 또렷하고 크게 들린다. 그 소리는 결코 외면할 수 없는 소리다. 출애굽기 22장 26절은 "네가 만일 이웃의 옷을 전당 잡거든 해가 지기 전에 그에게 돌려보내라"라고 명령하고 있다. 밤에 옷을 덮고 자야 하는데 덮을 것이 없어서 추위에 자지 못하고 하나님께 부르짖으면 하나님이 들으시고 전당 잡은 자를 심판하실 것이기 때문이다. 하나님은 자비로우신 분이다. 하나님은 약한 자를 돌보시는 분이다. 힘없이 억울하게 착취당하는 사람에 대한 하나님의 신원이 반드시 뒤따를 것이다.

룻기에는 베들레헴의 유력자 보아스와 그가 고용한 일꾼과의 관계가 아름답게 묘사되어 있다. 고용주 보아스가 먼저 일꾼들을 축복하면 일꾼들은 성심을 다해 하나님의 축복을 빌어 주었다. 단순히 의례적인 인사치레가 아님을 알 수 있다. 고용주와 노동자의 관계가 이러하다면 얼마나 좋을까!

한국에 돈을 벌기 위해 온 외국인 노동자들이 법적인 지위와 신분상의 약점으로 인해 임금을 받지 못한 채 어려움을 겪는 경우를 종종 본다. 일부 악덕 고용주는 그들의 인권과 권리를 침해하고 착취한다. 그들이 하소연할 때 그들의 소리가 하늘에 상달된다는 것을 기억해야 한다. 우리의 기도만 상달되는 것이 아니라 억눌린 자의 하소연도 하늘에 매우 잘 상달됨을 명심해야 한다. 애굽에 들어간 야곱의 후손들이 바로의 압제로 인해 울부짖을 때 하나님께서 그들의 소리를 들으시고 역사하기 시작하셨다. "여러 해 후에 애굽 왕은 죽었고 이스라엘 자손은 고된 노동으로 말미암아 탄식하며 부르짖으니 그 고된 노동으로 말미암아 부르짖는 소리가 하나님께 상달된지라 하나님이 그들의 고통 소리를 들으시고 하나님이 아브라함과 이삭과 야곱에게 세운 그의 언약을 기억하사"(출 2:23-24).

야고보는 불의한 부자들에 대한 하나님의 심판을 예언적으로 선포하고 있다. "너희가 땅에서 사치하고 방종하여 살륙의 날에 너희 마음을 살찌게 하였도다"(약 5:5). 이 말씀은 그들이 부정한 방법으로 축재한 재물을 어떻게 사용했는지 보여 주고 있다. 그들은 그런 재물로 사치와 방종의 삶을 이어갔다. 쉽게 들어온 돈은 쉽게 나가고(easy come easy go), 부정하게 번 돈이 방탕하게 사용되는 것은 자명한 이치다. 남의 눈에 피눈물이 나게 하고 벌어들인 핏값(blood money)은 그 돈과 함께 재앙이 온다. 결국 그런 돈을 쓰는 자를 망하게 한다. 가룟 유다는 은 30에 예수님을 팔았는데, 그 돈은 자신을 망하게 했다. 이런 삶의 태도는 결국 살육의 날, 즉 심판의 날에 사형에 처하게 되는 위험을 초래한다. "너희 마음을 살찌게 하였도다"에는 동물 사육의 비유가 들어 있는 듯하다. 소나 돼지처럼 고기를 얻기 위해서 기르는 짐승은 도살할 날을 위해 잘 먹이고 기른다. 일소처럼 일을 시키지 않는 이유는 살을 빨리 찌우기 위해서다. 마침내 목표한 만큼 살이 통통하게 오르면 그때 도축의 칼을 들게 된다. 하나님께서 부자들이 불의한 방법으로 축재하도록 허용하신 이유, 그 재물로 향락과 사치를 마음껏 누리도록 방치하신 이유는 도살할 날을 계획하셨기 때문이다. 그들의 불법과 향락이 커질수록 그 살육의 날은 빨리 찾아오게 된다. 한편 몸만 비대해지는 것이 아니라 마음에 살이 찌는 것은 교만함, 완악함, 이기심으로 욕심이 커지는 것을 의미한다. 살육의 날이 다가올수록 겸손해야 하는데 도리어 정죄받기에 마땅한 심령 상태가 되는 것이다. 최후의 심판대 앞에 설 준비가 전혀 되어 있지 못한 모습이다.

그들이 하나님의 심판을 받게 될 또 다른 이유는 의인을 박해했기 때문이다. "너희는 의인을 정죄하고 죽였으나 그는 너희에게 대항하지 아니하였느니라"(약 5:6). 의인들이란 앞에서 말한 추수하고 삯을 받지 못한 사람들, 가난한 사람들, 하나님만 의지하고 바라보는 사람들, 하나님을 향해 호소하면서 우는 사람들이라고 할 수 있다. 부자들이 그들을 정죄하고 죽였다고 한다. 모함으로 법정에 끌고 가서 불의한 판결을 얻어낸 것, 그리고 사실상 그들의 유일한 생명줄인 일당을 주지 않음으로써 살인행위를 한 것을 비판하고 있다. 의인들은 힘이 없기 때문에 부자들의 그런 폭력 앞에 대항하지 못했다는 것이다. 따라서 누가 신원해 줄 것인가는 자명하다. 하나님께서 대신 갚아 주실 것이다. 기독론적으로 보자면 이 의인은 예수님이시다. 예수님은 우리를 부요하게 하기 위해 대속적인 가난을 짊어지고 사셨다. 가난하다고 해서 자동적으로 다 의인이 되는 것은 아니다. 따라서 이 구절을 통해 완전한 의인으로서 세상의 폭력 앞에 대항하지 않고 정죄당하고 죽임당한 예수님을 엿보게 된다. 인류의 죄를 대속하기 위해 세상 죄를 지고 가는 어린 양으로서 묵묵히 십자가에 오르신 예수님이시다.

그렇다면 우리는 어떻게 해야 하는가? 일부러 부유함을 회피하고 의도적으로 가난을 추구해야 하는가? 그렇지 않다. 성경은 재물에 대한 올바른 관계 맺음에 관심을 두고 있는 것이지, 재물 자체를 부정하고 거부하는 것이 아니다. 야고보가 부자들에게 경고하고 있다면, 바울은 디모데를 통해 부자들에게 다음과 같은 권면의 말을 하고 있다. "네가 이 세대에서 부한 자들을 명하여 마음을 높이지 말고 정함이 없는 재물에 소망을 두지 말고 오직 우리에게 모든 것을 후히 주사 누리게 하시는 하나님께 두며 선을 행하고 선한 사업을 많이 하고 나누어 주기를 좋아하며 너그러운 자가 되게 하라"(딤전 6:17-18).

우리는 야고보가 경고한 부자들의 행태와 정반대로 살아가야 한다. 우리 말 속담에 "개같이 벌어 정승같이 쓴다"는 말이 있다. 어떤 사람들은 정승처럼 떵떵거리고 위세 부리면서 살려면 수치와 고생은 참아야 한다는 의미라고 생각하지만 본래의 뜻은 그렇지 않다. 아무리 천한 직업으로 힘들게 벌어도 사용할 때는 멋지고 가치 있고 선하게 사용하라는 의미다. 실제로 우리 주변에는 이런 사람들이 많다. 길거리 행상으로 마련한 거금의 재산을 사회를 향해 내놓고 돌아가시는 분들이 그런 경우다. 그들은 자신들이 어려운 환경에서 살았기에 힘든 처지에 있는 사람들을 동정하고 아낌없이 베푸는 사람들이다. 그들이야말로 "정승같이" 재물을 사용하는 분들이다. 역사적으로도 정승같이 재물을 사용한 분들이 있다. 대표적인 예가 조선 중후기 최고의 부자, 경주 최 부잣집이다. 부자는 망해도 3대를 간다는데 이 집안은 무려 12대나 갔다. 그 비결은 정승 같은 사용, 즉 베풂에 있었다. 그 집안의 가훈은 다음과 같다. "과거를 보되 진사 이상은 하지 마라. 즉 고위직은 탐하지 말라", "흉년에는 재산을 늘리지 말라", "사방 100리 안에 굶어 죽는 이가 없도록 하라" 등이다. 최 부잣집은 소작으로 들어온 돈의 3분의 1은 빈민구제에 쓰고, 심한 흉년에는 채무자들의 담보문서를 불사르기까지 했다. 이렇게 신실하게 살았기에 벼슬로는 진사밖에 오르지 못했지만 조선 시대 사람들에게 대대로 정승 같은 존경을 받았다. 정승같이 사용하면 정승 대접을 받는 것이다. 우리는 재물의 종이 아니라 재물의 주인, 재물의 선한 청지기가 되어야 한다. 재물을 통해 하나님의 뜻을 이루고 하나님께 영광 돌리는 삶을 살아야 한다.

강의 영상

13
길이 참으라

7그러므로 형제들아 주께서 강림하시기까지 길이 참으라 보라 농부가 땅에서
나는 귀한 열매를 바라고 길이 참아 이른 비와 늦은 비를 기다리나니 8너희도
길이 참고 마음을 굳건하게 하라 주의 강림이 가까우니라 9형제들아 서로 원
망하지 말라 그리하여야 심판을 면하리라 보라 심판주가 문 밖에 서 계시니
라 10형제들아 주의 이름으로 말한 선지자들을 고난과 오래 참음의 본으로 삼
으라 11보라 인내하는 자를 우리가 복되다 하나니 너희가 욥의 인내를 들었고
주께서 주신 결말을 보았거니와 주는 가장 자비하시고 긍휼히 여기시는 이시
니라 12내 형제들아 무엇보다도 맹세하지 말지니 하늘로나 땅으로나 아무 다
른 것으로도 맹세하지 말고 오직 너희가 그렇다고 생각하는 것은 그렇다 하
고 아니라고 생각하는 것은 아니라 하여 정죄 받음을 면하라 약 5:7-12

앞 단락은 이렇게 끝이 났다. "너희는 의인을 정죄하고 죽였으나 그는 너희에게 대항하지 아니하였느니라"(약 5:6). 불의한 자들 즉 탐욕스러운 부자들 때문에 의인들은 환난과 고통을 당하는 삶을 산다. 그들은 법정에 불려갔을 때 매수된 재판관들에 의하여 오히려 정죄당하고 심지어 목숨을 빼앗기기도 한다. 이렇듯 목숨과 재산을 빼앗기는 것이 현생에서 의인들의 삶이다. 바울도 기독교인의 삶이 이러하다고 보았다. "무릇 그리스도 예수 안에서 경건하게 살고자 하는 자는 박해를 받으리라"(딤후 3:12).

이렇게 부자들에게 경고의 메시지를 전달한 야고보는 이번에는 의인들, 즉 주 안에서 가난한 자들에게 권면의 메시지를 전달하고 있다. 6절을 통해서도 의인의 행동거지에 대한 한 가지 교훈을 받을 수 있다. "그들" 즉 탐욕스러운 부자들은 "의인"을 정죄하고 죽이지만, 의인인 "그"는 "너희"에게 대항하지 않았다고 하면서, 우리도 악인들의 방식으로 악인들에게 대항하여 싸우지 말 것을 당부하고 있다. 사치, 방종, 핍박하던 자들은 "너희"(6절)로, 그리고 당하는 의인들은 "형제들아"(7절)라고 받고 있다. 예수님은 "눈은 눈으로, 이는 이로 갚으라 하였다는 것을 너희가 들었으나 나는 너희에게 이르노니 악한 자를 대적하지 말라 누구든지 네 오른편 뺨을 치거든 왼편도 돌려 대며 또 너를 고발하여 속옷을 가지고자 하는 자에게 겉옷까지도 가지게 하며 또 누구든지 너로 억지로 오 리를 가게 하거든 그 사람과 십 리를 동행하고 네게 구하는 자에게 주며 네게 꾸고자 하는 자에게 거절하지 말라"(마 5:38-42)고 하셨다. 이에 덧붙여 야고보는 의인들에게 인내하되 길이 참으라는 권고를 주고 있다. 불의한 부자들은 이 땅에서 사치하고 방종하고 권력을 남용하고 폭력을 구사하고 박해하지만, 의인들 즉 형제들은 이런 불이익을 당하는 상황에서도 길이 참고 인내하고 견뎌내라고 격려하고 있다.

"그러므로 형제들아 주께서 강림하시기까지 길이 참으라 보라 농부가 땅에서 나는 귀한 열매를 바라고 길이 참아 이른 비와 늦은 비를 기다리나니"(약 5:7). 7절부터 11절까지 '참으라', '인내하라'는 말이 무려 7회나 나온다. "길이 참다"라고 번역된 헬라어는 사실 한 단어로 '마크로뒤메오'이며, '인내하다'는 '휘포메노'인데, 두 단어의 의미상 차이는 없다. 대개 고난을 당할 때 신자들은 다음과 같은 질문을 던진다. '언제까지 기다려야 합니까?' '언제까지 인내해야 합니까?' 시편 150편 중에 제일 많은 것이 개인 탄원시인데, 탄원시에는 고통의 종식의 때를 묻는 질문들이 많이 나온다. "하나님이여 대적이 언제까지 비방하겠으며 원수가 주의 이름을 영원히 능욕하리이까"(시 74:10). "여호와여 돌아오소서 언제까지니이까 주의 종들을 불쌍히 여기소서"(시 90:13). "여호와여 악인이 언제까지, 악인이 언제까지 개가를 부르리이까"(시 94:3).

야고보는 여기서 인내의 시간을 한정한다. 주님의 재림, 예수님의 공중 재림의 때로 제시한다. "주께서 강림하시기까지." 물론 재림 이전이라고 해도 하나님께서 각 성도의 사정을 긍휼히 여겨 주시고 건져 주시는 개인적 구원의 때가 있기는 하다. 하지만 궁극적으로 모든 고통이 종식되고 약속된 구원을 받을 때는 예수님이 재림하실 때다. 야고보는 그때까지는 참고 견디고 인내하라고 한다. 초대교회 때에는 주 예수께서 곧바로 재림하실 것이라는 임박한 종말론을 믿고 있었다. 심지어 자기들의 생애 중에 예수님께서 오실 것이라고 믿고 있었다. 그로부터 2000년이나 지난 현대는 그때보다 재림이 더 가까워졌음에도 우리는 재림의 임박성을 거의 느끼지 못하고 있다. 반면 야고보는 재림이 임박했으며, 심지어 주님께서 문 밖에 서 계시다고 이야기를 하고 있다. 곧 문을 열고 들어오시면 종말이 오는 것이라고 보았다. 종말의 때가 이처럼 가깝기 때문에 야고보는 형제들에게 참고 인내하라고 권고할 수 있었다.

그러면 예수님의 재림 시기에 대한 야고보의 표현이 잘못된 것인가? 야고보의 인식이 오류인가? 그렇지는 않다. 사람은 연약해서 시한을 정해 줄 때 견뎌낼 힘을 낸다. 자기 계발 이론에 따르면 목표를 설정할 때는 SMART 원칙을 지키라고 한다. 목표는 구체적이고(Specific), 측정 가능하며(Measurable), 달성 가능하고(Attainable), 목적 달성과 연관이 있어야 하고(Relevant), 한시적(Time-specific)이어야 한다. 특별히 목표 달성 시한을 세심하게 규정해야 한다. 마감 시간이 설정되어 있지 않다면 그 목표는 절대 달성될 수 없다. 군 복무를 해본 사람들은 이런 경험이 있을 것이다. 100km 행군은 강철 같은 체력을 지닌 병사에게도 쉽지 않은 훈련이다. 행군의 중반쯤 되면 서서히 낙오하는 병사들도 나오기 시작한다. 그만 포기하고 싶다는 생각이 간절하게 들기 시작한다. 하지만 군대라는 것이 포기하고 싶다고 해서 포기할 수 있는 곳은 아니다. 때로 체력적으로 극한에 몰리는 병사가 생겨난다. 그때 지혜로운 지휘관은 끊임없이 남아 있는 거리를 알려 준다. "자, 다들 힘내자. 100km 중에 이제 30km 남았다. 앞서가는 병사의 발을 보면서 그가 한 걸음 걸으면 나도 한 걸음 걷는다고 생각해라. 그렇게 30km만 걷자." 결국 그렇게 해서 100km 행군을 완주하게 한다. 신앙생활의 인내도 마찬가지다. 끝도 없이 무한대로 인내하라는 것은 신자들에게는 너무나도 가혹한 권고다. 욥도 작은 빛도 보이지 않는 고난의 터널 속에서 좌절하고 절망하지 않았던가. "내가 무슨 기력이 있기에 기다리겠느냐 내 마지막이 어떠하겠기에 그저 참겠느냐 나의 기력이 어찌 돌의 기력이겠느냐 나의 살이 어찌 놋쇠겠느냐"(욥 6:11-12). 그래서 재림이 임박했다고 하는 주장은 목회적으로 유익하고 지혜로운 목양 방식이다.

또한 실질적으로 보면 야고보의 말이 틀린 것은 아니다. 종말에는 우주적인 종말도 있지만, 개인적인 종말도 있다. 개인적인 종말을 먼저 맞는 사람에게 그것은 곧 우주적인 종말이기도 하다. 우리 인생은 한 뼘 길이밖에 되지 않는다. 그래서 주님께서 문 밖에 서 계신다는 말이 과히 틀린 말이 아니다. 그리고 영적으로 보면 종말은 이미 우리 눈앞에 와 있다. 구원과 마찬가지로 종말도 '이미' 와 있는 것이다. 물론 '아직' 완성된 것은 아니다. 따라서 "심판주가 문 밖에 서 계시니라"(약 5:9)는 야고보의 말을 비판적으로 받아들일 필요는 없다. 야고보가 의도한 바는, 신자들에게는 그 어떤 고난도, 인내의 시간도 한정되어 있고, 그것도 아주 짧다는 것이다. 그렇게 해서 신자들로 하여금 잘 인내하고 견디게 해 주는 것이다. 사실 천 년이 하루 같은 주님의 시간에서 보면 우리의 시간은 찰나에 불과하다.

야고보는 '이미'와 '아직'의 긴장 관계를 농부의 비유를 통해 제시하고 있다. 농부는 씨앗을 뿌리는 사람들인데, 그 씨앗은 미래의 씨앗을 뿌리는 것이다. 농부가 씨를 뿌리는 순간 열매에 대한 약속을 받은 것이나 진배없다. 축약해서 말하자면 농부들은 씨를 뿌리는 순간 열매를 얻었다고 할 수 있다. 우리나라를 기준으로 생각하면 봄에 농부들이 씨를 뿌리는 순간 이미 가을철 열매를 받은 것이다. 그래서 농부는 일단 씨를 뿌려야 한다. 그리고 길이 참고 기다려야 한다. 인내와 기다림이 필요한 이유는 농부가 할 수 있는 일이 있고 할 수 없는 일이 있기 때문이다. 농부가 할 수 있는 일은 땅을 고르는 것, 씨를 뿌리는 것, 잡초를 제거하는 것, 병해충을 억제하는 것 등이다. 농부가 할 수 없는 일은 적당한 햇볕을 쪼이는 것, 때에 맞게 이른 비와 늦은 비가 내려 주는 것, 작물이 발아 성장 결실하는 것이다. 그러므로 농부가 할 수 없는 일은 하나님의 은혜와 능력에 맡기고 길이 참고 인내하면서 기다려야 한다. 진인사대천명(盡人事待天命)이다.

우리의 믿음의 농사도 동일하다. 현재의 신앙은 장래의 열매를 기대하는 것이다. 그래서 우리는 현재 소망으로 심고, 길이 참고 인내로 기다리는 것이다. 만약 우리가 주님에 대한 소망의 씨앗을 가졌으면 믿음을 가지고 어떠한 고난도 참고 견뎌야 한다. "너희도 길이 참고 마음을 굳건하게 하라 주의 강림이 가까우니라"(약 5:8). 흔들림이 없이 "마음을 굳건하게 하라"는 말에서 보듯, 신앙생활은 소풍을 다니는 것이 아니고, 태풍이 부는 바다를 항해하는 것과 같다. 우리에게는 신앙의 항해를 좌초시키려는 위협이 너무 많다. 소망의 항구에 도달하기까지는 아직 상당한 거리가 떨어져 있다. 따라서 우리는 신앙의 항해를 위해 마음을 굳건히 하면서 길이 참고 인내해야 한다.

앞에서 언급한 바와 같이 야고보는 주님의 강림이 가까이 왔다는 사실을 통해 인내의 근거를 제공하려 하고 있다. 초대교회 성도들은 임박한 재림을 확신하고 있었다. "마라나타, 주 예수여 오시옵소서"라고 고백하면서 신앙생활을 했다. 기독교대한성결교회는 전도 표제로서 중생, 성결, 신유, 재림의 사중복음을 중시해 왔다. 그중 재림이 복음이 되는 이유는 하나님의 모든 언약과 약속이 성취되고, 만사가 사필귀정으로 돌아가며, 참고 기다리던 모든 소망이 현실이 되기 때문이다. 과거에는 많은 기독교인들이 재림 신앙을 가지고 신앙생활을 했지만, 현재는 그 신앙 색채가 퇴색되고 도리어 현세적인 신앙을 갖는 그리스도인들이 늘어나고 있다. 마치 주님이 영원히 오시지 않을 것처럼, 이 세상이 전부인 것처럼, 너무 세속적이고 너무 물질적이고 너무 세상적인 것만 구하면서 신앙생활을 한다. 물론 그렇다고 현실의 일을 도외시하고 사회에서 벗어나 하늘만 바라보고 살아가는 삶을 추천하는 것은 아니다. 균형이 필요하다. 자기가 해야 할 일을 하면서도, 주님이 오시는 것을 궁극적인 소망으로 삼으면서, 자기의 모든 삶을 거기에 맞춰 살아가는 것이다.

인내하는 신앙생활 속에서 형제간 원망을 금지하는 것도 역시 중요하다. "형제들아 서로 원망하지 말라 그리하여야 심판을 면하리라 보라 심판주가 문 밖에 서 계시니라"(약 5:9). 앞 단락에서는 "부한 자들아"라고 부르면서 경고의 의미로 "보라"라는 말을 사용했는데, 여기서는 "형제들아"라고 부르면서 그들에게도 경고의 의미로 "보라"라는 말을 사용하고 있다. 어려운 일이 닥치면 서로 단합하지 못한 채, 도리어 서로 다투고 원망하는 일이 벌어진다. 심지어 비판하고 심판하고 정죄하기도 한다. 힘을 하나로 합쳐도 헤쳐 나가기 힘든 판국에 자중지란에 빠진다면 하나님이 기뻐하시는 공동체를 이루지 못한다. 야고보는 "심판주가 문 밖에 서 계시느니라"라고 하면서 재림이 임박했을 뿐만 아니라 그분이 심판주로서 오신다는 점을 분명히 밝히고 있다. 그 심판주는 양과 이리 사이에서도 판결하시지만, 힘센 양과 약한 양 사이에서도 심판하실 것이다. 5개 장으로 구성된 야고보서 전체에 종말론의 주제가 면면히 흐르면서 다양한 영적 교훈에 영향을 미치고 있다. 믿음 생활에 있어서 주님이 오시는 때를 기다리면서 살아가는 것은 주의 길을 올바르게 걷게 하는 데 도움이 된다. 주님이 오시면 놀라운 반전이 일어나게 될 것이다. 에스더서에서 보여 주는 잔치자리에서의 반전이 어린 양 혼인잔치를 두고 벌어진다. 왕의 잔치에서 와스디는 폐위되고 에스더는 왕후가 되며, 에스더의 잔치에서 하만은 장대에 달리고 모르드개는 높임을 받으며, 부림절에 대적들은 멸망하고 유다인들은 구원을 받는 것이다. 말세에 이처럼 양과 염소, 알곡과 가라지, 천국과 지옥, 생명과 죽음, 영광과 수치, 먼저와 나중, 위와 아래, 구원과 심판이 구별되면서 반전이 일어날 것이다. 특별히 악인들이 벌을 받고, 의인들이 구원을 받게 될 것이다.

야고보는 이제 인내의 모범을 실례로써 제시한다. "형제들아 주의 이름으로 말한 선지자들을 고난과 오래 참음의 본으로 삼으라"(약 5:10). 여기서 말하는 사람들은 거짓 선지자가 아니라 참된 선지자들이다. 그들은 주님의 이름으로 말을 전했던 사람들이다. 하나님의 부르심과 위탁을 받아 참된 사역을 전개했음에도 불구하고, 이 땅에서는 오히려 고난과 역경과 위험을 당했던 분들이다. 그들은 하나님이 전하라고 주신 말씀을 전하다가, 하나님의 뜻을 행하다가, 말씀대로 살다가 고난을 당했다. 심지어 사람들의 박해를 받고 목숨을 잃고 순교한 선지자도 있다. 하지만 그들은 모두 끝까지 참고 인내했다. 따라서 야고보는 선지자들이 여러 고난 가운데서 어떻게 참고 인내했는지를 유념하면서 그들을 우리 참음의 본보기로 삼으라고 한다. 그들을 본받으라고 한다.

야고보는 성경에서 또 다른 모범을 제시한다. "보라 인내하는 자를 우리가 복되다 하나니 너희가 욥의 인내를 들었고 주께서 주신 결말을 보았거니와 주는 가장 자비하시고 긍휼히 여기시는 이시니라"(약 5:11). 예수님은 산상수훈에서 팔복을 말씀하셨는데, 야고보는 또 다른 복으로서 "시험을 참는 자"(약 1:12)를 언급했었고, 이제는 "인내하는 자"를 들고 있다. 인내의 대표적인 성경의 인물은 욥이다. 야고보는 인내의 모범으로 농부와 선지자에 이어 실존 인물이었던 욥을 제시하고 있다. 욥은 온전하고 정직하고 하나님을 경외하면서 악에서 떠난 자였다. 그는 10명의 자녀와 화목하고 질서 잡힌 가정과 명성과 동방 최고의 재물을 갖고 있었다. 그런데 그 모든 것이 하루아침에 아침 이슬처럼 사라지고 말았다. 재물이 약탈을 당하고 잿더미가 되고 자녀들이 재난으로 목숨을 잃게 되었다. 심지어 그의 육신에 깊은 병이 생겨서 죽음의 고통보다 더 큰 고통을 겪어야 했다. 그야말로 풍비박산이요 패가망신이었다. 그것도 아무 이유를 찾을 수 없던 재앙이었다. 그 재난이 어찌나 큰지 그의 부인은 그에게 하나님을 저주하고 죽으라고 권고할 정도였고, 그를 위로하러 온 세 친구는 그 큰 재난 앞에 7일 동안 아무 말도 건넬 수 없을 지경이었다. 자신도 그 이유를 알 수 없고, 아내도 친구도 자신을 이해해 주지 않을 때 욥은 하나님만을 믿는 믿음으로 견디어 냈다. 하지만 욥은 자기 입술로 범죄하지 않고 인내했다. 결국 마지막에 하나님이 그에게 나타나 그를 만나 주셨고 그를 회복시켜 주셨다.

욥의 고난은 오늘날 성도들이 당할 수 있는 모든 고난을 집약한 것이다. 마치 십자가의 예수님이 사람이 당할 수 있는 모든 고난을 당하신 것과 같다. 성도들 중에 질병으로 고통당하는 사람이 얼마나 많은가? 가정의 문제로 눈물짓는 사람들이 얼마나 많은가? 경제적인 문제로 두려움에 빠진 사람들이 얼마나 많은가? 특별히 내가 잘못한 것도 없는 것 같은데 인간관계가 뒤틀어져서 큰 괴로움에 빠진 사람들이 얼마나 많은가? 그럴 때 까닭 없이 고난을 당한 욥, 그 와중에서도 인내했던 욥을 기억하라는 것이다. 아니 예수님을 기억해야 한다. 우리가 해야 할 일은 욥처럼 인내하는 것이다. 인내 없이 되는 귀한 일은 없다.

신자가 해야 할 일이 인내라면, 주님이 하실 일은 결말을 짓는 일이다. 인내는 우리의 몫이고 결말은 주님의 몫이다. 인내한다고 해서 모든 일이 자동적으로 결실을 맺는 것이 아니다. 욥이 인내했다고 해서 그 인내로 회복되었다고 생각하면 안 된다. 욥기의 처음 두 장에서는 욥이 인내하는 모습으로 보이지만, 친구들과 논쟁하는 3장부터는 욥의 연약함이 마구 드러나고 있기 때문이다. 이것은 욥의 연약함일 뿐만 아니라 육체를 지닌 모든 인류, 아담의 후손의 연약함이다. 욥의 운명을 바꾼 궁극적인 동인은 바로 하나님의 자비와 긍휼이다. "주는 가장 자비하시고 긍휼히 여기시는 이시니라." 우리의 인내를 헛된 데로 돌아가지 않게 하시고, 선한 열매를 맺게 하시는 분이 바로 주님이시다. 주님은 당신의 고난과 아픔과 시련을 잘 알고 계시며 불쌍히 여기고 계신다. 따라서 주 안에 있는 자에게는, 그리고 인내하는 자에게는 모든 이야기가 해피엔딩으로 끝난다. 노아, 아브라함, 요셉, 욥, 룻, 다니엘, 에스더 같은 사람들을 보라. 우리는 우리 인생을 스스로 해피엔딩으로 만들 수 없다. 하지만 하나님은 우리를 사랑하시기 때문에 모든 것을 합력하여 선을 이루시는 분이시다. 끝이 좋으면 모든 것은 아름다운 추억이 된다. 욥에게 물질과 자녀가 회복되었다. 물질은 갑절로 회복되었다. 하지만 시련과 고난을 당한 욥은 원상회복된 것이 아니라 더욱 좋아졌다. 그의 성품이 성숙해졌고 믿음이 진보했으며 하나님에 대한 앎이 더 온전해졌다. 이것이 인내하는 욥에게 하나님께서 주신 결말이다.

케몬스 윌슨은 미국 제재소 직원이었다. 40세가 된 해의 어느 날 아침, 그가 출근했을 때 그의 책상 위에는 '해고통지서'가 있었다. 아무런 설명도 없이 황당하게 해고된 그는 화가 치밀어 올랐다. 그리고 직장과 상관에 대한 복수심이 끓어올랐다. 여러 달 동안 모든 노력을 다 해 보았지만 되는 일이 없었다. 결국 집에 돌아온 그는 아내의 제안으로 기도를 시작하게 되었고, 기도를 통해 자신을 해고한 상사에 대한 미움과 분노가 사라지면서 그 대신 머릿속에 일에 대한 새로운 아이디어가 떠올랐다. 그는 자기 집을 담보로 융자를 얻어 조그마한 건축사업을 시작했다. 간신히 사업을 시작했지만 그를 도와줄 어떤 여건도 보이지 않자, 아침저녁 기도에 매달릴 수밖에 없었다. 결국 하나님의 도우심으로 두 개의 건물을 시공할 수 있었고, 그렇게 시작하여 하나둘 호텔을 지어 세계적인 체인망을 지닌 홀리데이인 호텔의 오너가 되었다. 후에 그는 회고록에서 이렇게 고백했다. "40세에 그 제재소에서 해고되었을 때는 그것을 이해할 수 없었습니다. 하지만 지금은 나를 해고한 사람을 만나면 감사하고 싶습니다. 그것은 나를 위한 하나님의 놀라운 섭리였습니다."

우리도 욥처럼 많은 고난을 당하지만, 우리의 몫은 결말을 짓는 것이 아니라 인내하는 것이다. 하나님의 백성들이 인내하며 하나님을 소망해야 할 이유는 하나님은 잔인한 분이 아니라는 사실 때문이다. 그분은 백성들의 고통을 외면하는 분이 아니다. 주님은 모든 것을 알고 계신다. 그의 백성에게 가까이 오신다. 그리고 모든 것을 바로잡아 주신다. 그래서 우리는 끝까지 인내해야 한다. "시험을 참는 자는 복이 있나니 이는 시련을 견디어 낸 자가 주께서 자기를 사랑하는 자들에게 약속하신 생명의 면류관을 얻을 것이기 때문이라"(약 1:12).

본 단락에서 야고보는 네 가지 명령을 사용했다. 첫 번째는 "길이 참으라", 두 번째는 "마음을 굳건하게 하라", 세 번째는 "원망하지 말라", 네 번째는 "맹세하지 말라"는 것이다. 마지막으로 살펴볼 내용은 맹세 금지다. "내 형제들아 무엇보다도 맹세하지 말지니 하늘로나 땅으로나 아무 다른 것으로도 맹세하지 말고 오직 너희가 그렇다고 생각하는 것은 그렇다 하고 아니라고 생각하는 것은 아니라 하여 정죄 받음을 면하라"(약 5:12). 맹세하지 말고 그렇다고 생각하는 것은 "그렇다"고만 하고, 아닌 것은 "아니라"고만 하라는 것이다. 왜냐하면 거기에서 지나치면 정죄 받을 위험이 있기 때문이다. 말이 많아지고, 거친 표현이 난무하는 것은 자신이 하는 말이 힘을 잃었기 때문이다. 사람들이 맹세하는 이유는 근본적으로 자기의 신용이 부족하기 때문이다. 그래서 자기보다 우위에 있고 힘센 것을 끌어다가 자기의 부족한 신용을 보충하는 것이다. 그리고 빠른 시간 안에 사람들의 마음을 얻기 위해서다. 신뢰라는 것은 삶을 살아가면서 차곡차곡 쌓아가는 것인데 단시간에 그것을 확보하려 하다 보니 맹세를 하게 되는 것이다. 특별히 맹세는 자기를 위장하려 할 때 사용된다. 신자가 자기 신용을 위해 하나님의 이름을 사용하는 경우 대개 하나님의 이름을 망령되게 만드는 것으로 끝난다. 처음부터 속이려는 목적으로 맹세했거나, 진심이었지만 역량의 부족으로 어쩔 수 없이 맹세를 지킬 수 없을 때 하나님의 이름은 모독을 받게 된다. 그래서 신자는 맹세를 하면 안 된다. 마치 말의 신뢰성이 떨어지는 자가 말을 강하게 표현하는 현상과 유사하다. 시중에 판매되는 참기름의 상표를 보면 단순히 "참기름"이라고 표기된 것도 있지만, 어떤 것은 "순 참기름", 어떤 것은 "진짜 순 참기름"이라고 된 것도 있다. 가짜가 얼마나 광범위하게 퍼져 있으면 자기를 피력하기 위해서 이렇게 말을 강하고 복잡하게 사용하는가 하는 생각이 든다.

맹세에 대한 가르침은 예수님께서도 이미 주신 바가 있다. "또 옛 사람에게 말한 바 헛 맹세를 하지 말고 네 맹세한 것을 주께 지키라 하였다는 것을 너희가 들었으나 나는 너희에게 이르노니 도무지 맹세하지 말지니 하늘로도 하지 말라 이는 하나님의 보좌임이요 땅으로도 하지 말라 이는 하나님의 발등상임이요 예루살렘으로도 하지 말라 이는 큰 임금의 성임이요 네 머리로도 하지 말라 이는 네가 한 터럭도 희고 검게 할 수 없음이라 오직 너희 말은 옳다 옳다, 아니라 아니라 하라 이에서 지나는 것은 악으로부터 나느니라"(마 5:33-37). 당시 종교지도자들이었던 바리새인과 서기관들이 맹세라는 형식을 통해 얼마나 서민들을 속여서 사적 이득을 취해왔는지를 추론해 볼 수 있다. 예수님께서 보시기에 맹세는 바리새인과 서기관들의 위선을 드러낸다. 사실 하늘, 땅, 예루살렘, 머리는 모두 하나님의 소유이고 하나님을 암시하는 것들이다. 인간의 것이 아니다. 심지어 머리조차도 자기의 소유가 아니다. 인간은 그 무엇인가를 내걸고 맹세를 할 처지에 있지 않다. 맹세는 자기 것도 아닌데 자기 것인 양 속이는 것이고, 하나님을 모독하는 행위다. 그렇다면 우리는 어떻게 해야 하는가? 맹세 대신 기도해야 한다. 고난을 당할 때 헛맹세를 할 위험이 큰데 우리는 그런 유혹을 뿌리치고 기도로 나아가야 한다.

이 세상에서 고난을 당한다고 해도 길이 참아야 한다. 마음을 굳건하게 해야 한다. 그리고 형제끼리 원망하지 말고 서로 아껴주어야 한다. 맹세의 유혹을 뿌리치고 기도로 나아가야 한다. 그럴 때 주님께서 우리 인내에 선한 결실을 주실 것이다. 주님께 영광 돌리게 하실 것이다.

강의 영상

14
믿음의 기도

13너희 중에 고난 당하는 자가 있느냐 그는 기도할 것이요 즐거워하는 자가
있느냐 그는 찬송할지니라 14너희 중에 병든 자가 있느냐 그는 교회의 장로들
을 청할 것이요 그들은 주의 이름으로 기름을 바르며 그를 위하여 기도할지
니라 15믿음의 기도는 병든 자를 구원하리니 주께서 그를 일으키시리라 혹시
죄를 범하였을지라도 사하심을 받으리라 16그러므로 너희 죄를 서로 고백하
며 병이 낫기를 위하여 서로 기도하라 의인의 간구는 역사하는 힘이 큼이니
라 17엘리야는 우리와 성정이 같은 사람이로되 그가 비가 오지 않기를 간절히
기도한즉 삼 년 육 개월 동안 땅에 비가 오지 아니하고 18다시 기도하니 하늘
이 비를 주고 땅이 열매를 맺었느니라 19내 형제들아 너희 중에 미혹되어 진
리를 떠난 자를 누가 돌아서게 하면 20너희가 알 것은 죄인을 미혹된 길에서
돌아서게 하는 자가 그의 영혼을 사망에서 구원할 것이며 허다한 죄를 덮을
것임이라 약 5:13-20

야고보서의 마지막 단락(약 5:13-20)에서 야고보는 교회 공동체의 생활 문제를 다룬다. 특별히 야고보가 중시하는 것은 '공동체의 기도'다. 앞 단락에서 "인내"를 다루었는데, 인내하기 위해서도 기도가 필요하다. "너희 중에 고난 당하는 자가 있느냐 그는 기도할 것이요 즐거워하는 자가 있느냐 그는 찬송할지니라 너희 중에 병든 자가 있느냐 그는 교회의 장로들을 청할 것이요 그들은 주의

이름으로 기름을 바르며 그를 위하여 기도할지니라"(약 5:13-14). 야고보는 교회 내에 세 부류의 사람들을 상정한다. 고난당하는 사람, 즐거워하는 사람, 병든 사람. 이들 상황은 제각기 다르지만, 모두에게 공통적으로 필요한 것은 다름 아니라 '기도'다. 고난당하는 사람은 살아 계시고 전능하신 하나님을 향해 탄원의 기도를 드려야 한다. 즐거워하는 자는 곡조를 붙인 기도인 찬양을 드려야 한다. 병든 자는 교회 장로들을 청하고, 장로들은 주의 이름으로 기름을 바르고 병든 자를 위하여 간구의 기도, 합심 기도를 드려야 한다. 모든 문제를 다루기 위해서 필요한 것은 기도와 찬양(곡조 있는 기도) 그리고 안수기도(합심기도)다. 항상 기도하는 것이다. 이처럼 다양한 경우에 기도를 강조하여 얻을 수 있는 효과는, 고난받는 자들에게는 낙심을 방지하며, 잘되고 형통한 자들에게는 교만을 예방하며, 병든 자는 공동체에서 소외당함을 방지하는 것이다.

어떠한 처지와 형편에서든지 하나님께 기도하면 궁극에 가서는 선한 열매를 맺는다. 기도에는 공짜가 없다. 하나님께서 각 사람의 기도에 응답하심으로 기도자는 하나님의 선하심 즉 샬롬을 맛보기 때문이다. "내 영혼아 네 평안함으로 돌아갈지어다 여호와께서 너를 후대하심이로다"(시 116:7). 고난 중에 있는 성도가 기도를 올리면 하나님께서 그에게 고난을 이길 힘을 주시고 고난이 변하여 축복이 되게 하신다. 슬픔이 변하여 춤이 되게 하시고, 베옷을 벗기고 기쁨으로 띠 띠우신다. 즐거워하는 자가 곡조

달린 기도를 올리면 하나님께서 영광을 받으시며, 하나님은 기도자로 하여금 영광 돌릴 일을 더 많이 주실 것이다. "무릇 있는 자는 받아 풍족하게 되고 없는 자는 그 있는 것까지 빼앗기리라"(마 25:29). 병든 자를 정죄하고 거부하는 대신 장로를 위시하여 교회 공동체가 합심으로 기도하면, 공적인 중보기도와 안수기도를 통해 치유의 역사가 일어나며, 교회는 더욱 하나님의 은혜와 능력을 풍성하게 체험할 수 있다. 여기서 거론되는 장로들은 초대교회 당시에 '감독' 혹은 '목사'와 같은 의미를 지니고 있었고, 교회의 공식적인 직분을 가지 지도자들을 의미한다. 기름을 붓는 것은 의식적인 용도라기보다는 의술적 용도에 해당한다. 병자의 환부에 기름을 붓고 문지르는 것은 유대 사회와 이방 사회에서 공통적인 관행이었다. 그들은 하나님이 주시는 신유의 은사를 믿었지만, 의술과 의학도 결코 무시하지 않았다. 따지고 보면 의술과 의학조차도 하나님의 지혜를 받아 만들어진 것이기 때문이다. 병든 자가 교회의 영적인 지도자들을 청하면, 그들은 의술적인 조치를 함께 취하면서 주님께 합심으로 기도했다. 헬라어 원어를 살펴보면 '기름을 붓다'는 분사로, '기도하다'는 주동사로 표현함으로써, 의술적인 행위보다 기도가 중심축이 됨을 드러내고 있다. 의술의 힘을 빌리기도 하지만 믿음으로 하나님께 간절히 기도할 때 은혜의 역사, 성령의 역사가 일어나는 것이다.

기독교대한성결교회의 전도표제인 사중복음(중생, 성결, 신유, 재림) 중 세 번째가 신유다. 우리는 신유(神癒, divine healing)를 믿는다. 신유는 하나님께서 치유하신다는 고백이다. 병은 근본적으로 의사가 고치는 것이 아니다. 하나님께서 치유하신다. 의사들이 시행하는 수술이나 투약은 우리 몸의 치유력과 면역력과 생명력을 활성화하고 도와주는 행위일 뿐이지, 그것 자체가 우리 몸을 건강하게 할 수는 없다. 아무리 화타(華佗) 같은 명의라도 자기 몸에 병이 생겨 무너지는 경우도 많고 궁극적으로 모든 인간은 노화와 질병 가운데 죽는다. 오직 우리를 만드신 창조주 하나님만이 우리 몸 안에 면역력과 치유력과 생명력을 함께 넣어 주셨다. 그 힘들을 다시 활성화시켜 건강을 회복하게 하는 것도 하나님의 능력과 은혜라고 할 수 있다. 자동차가 고장 났을 때 고장의 원인을 완전히 이해하고 완벽히 고칠 수 있는 것은 1급 자동차 정비소가 아니라 자동차를 만든 회사일 것이다. 마찬가지로 창조주 하나님만이 우리 몸을 제일 잘 아시고 문제가 생겼을 때 고치시고 치유하실 수 있다. 희귀병이나 난치병이나 불치병을 만나면 의사들이 난감해하지만 하나님에게는 어려울 것이 전혀 없다. 하나님에게는 암이나 감기나 별 차이가 없다. 물론 의학을 부정할 필요는 없다. 물리적이고 생리적인 차원에서는 일시적이고 잠정적으로 그런 것들이 도움이 된다. 운동요법, 식이요법, 심리치료, 자연치유, 약물치료, 물리치료, 한방, 양방, 수술 등 다양한 방법도 유용하다. 하지만 이런 치유 방법들이 기도와 함께라면 더욱더 효과적이다. 기도한다고 다른 방법을 거부하는 것은 아니다. 모든 것 위에 기도를 해야 하나님께서 놀랍게 역사하시고 그 모든 의학적 조치들이 열매를 맺게 하신다. 미국 의료기관에서 기도가 치유에 미치는 영향력을 알기 위해 실험을 한 적이 있다. 한 그룹은 기도하지 않고 의료 처치만 한 경우고, 다른 그룹은 기도를 하면서 처치를 한 경우다. 결과는 기도를 동반한 치료 집단이 그렇지 않은 집단보다 치유 확률이 더 높았다. 그래서 미국과 같이 기독교 기반의 문화를 갖고 있는 나라에서는 목회자의 의료 기관 출입에 자유를 보장하며 중보기도를 장려하고 후원하고 있다.

질병의 치유를 위해 기도를 드리되 그 기도는 '믿음의 기도'여야 한다. "믿음의 기도는 병든 자를 구원하리니 주께서 그를 일으키시리라 혹시 죄를 범하였을지라도 사하심을 받으리라"(약 5:15). 신유를 위한 기도에서 제일 중요한 요소는 기도의 양(量)이 아니다. 신유를 받기 위해서 기도를 몇 시간씩 해야 한다는 접근은 올바르지 않다. 기도에 수반되는 고통과 노고와 고행도 본질이 아니다. 이방 종교에서는 기도를 할 때 고행을 전제로 요구한다. 기독교에서도 신유를 받기 위해 금식기도 혹은 철야기도를 얼마나 했다는 식으로 이야기를 하는 사람들이 있었다. 기도의 분량을 채우는 일, 금식기도와 철야기도처럼 자기를 부인하고 하나님께만 매달리는 일도 가치가 없는 것은 아니다. 하지만 주님께서 병자에게 요구하시는 일차적인 내용물은 아니다. 기도에 반드시 담아야 하는 것은 믿음이다. 주님의 능력과 선하심을 어린아이와 같은 단순함과 순수함으로 받아들이는 것이다. 믿음으로 구하는 기도야말로 가장 효과적이고 강력한 치유 수단이다. 바울과 바나바가 1차

전도 여행으로 루스드라에 갔을 때 발을 쓰지 못하는 사람이 바울이 전하는 복음 메시지를 들었다. 듣고는 "구원 받을 만한 믿음"(행 14:9)이 생겼는데 그것을 본 바울이 큰 소리로 "네 발로 바로 일어서라"(행 14:10)고 하니 그 사람이 일어나 걸었다고 한다. "구원 받을 만한 믿음"이 신유의 은혜를 불러왔다. 우리는 '치유 받을 만한 믿음'을 가져야 한다. 그것이 곧 믿음의 기도다. 야고보는 앞부분에서도 기도할 때 믿음으로 기도하라고 권고한 적이 있다. "오직 믿음으로 구하고 조금도 의심하지 말라 의심하는 자는 마치 바람에 밀려 요동하는 바다 물결 같으니"(약 1:6). 믿음의 기도는 주님의 능력과 선하심에 대한 확고한 신뢰가 바탕이 되어 있어야 하며, 요동치는 바다 물결처럼 마음이 흔들려서는 안 된다는 의미다. 하나님께서 출애굽한 이스라엘 백성과 늘 함께하셨음에도 불구하고 백성들은 약간의 어려움만 닥치면 "여호와께서 우리 중에 계신가 안 계신가"(출 17:7) 하면서 의심을 했었는데, 그런 태도로는 하나님 은혜의 역사를 맛볼 수가 없다. 응답받는 기도는 믿음으로 하는 기도다.

야고보는 기도와 신유에 대해 언급하면서 갑자기 죄의 문제를 거론하고 있다. "혹시 죄를 범하였을지라도 사하심을 받으리라"(약 5:15). 모든 질병이 죄의 결과는 아니다. 욥의 세 친구처럼 욥의 극심한 질병과 환난을 죄의 결과라고 단정 짓는 어리석음을 범해서는 안 된다. 하지만 어떤 질병은 나쁜 습관이나 죄로 인해서 생겨난 것이 있다. 이런 경우에 치유를 받기 위해서는 나쁜 습관을 바꾸어야 하고 숨겨진 죄악을 낱낱이 토설해서 회개하고 용서를 받아야 한다. 양심의 화인을 맞지 않은 한, 병의 기원이 죄인지 아닌지는 병자 스스로 알 수 있다. 모든 병자는 질병을 통해 자기 자신을 돌아볼 필요가 있다. 어떤 계기로 촉발되었든지 간에 자기를 성찰하는 것은 우선 영적으로 유익하다. 그래서 질병은 꼭 나쁜 것만이 아니다. 질병은 우리에게 좋은 메시지를 전달하기도 한다. 나쁜 생활 습관을 고치라고 목소리를 높이기도 하고, 중독을 끊으라고 경고하기도 하고, 죄를 버리도록 몰아붙이기도 하고, 하나님께서 귀한 그릇으로 빚어가고 있는 것을 알려 주고 위로하기도 한다. 만약 이런 성찰을 통해 자신의 죄악을 깨닫게 되었다면 철저하게 회개하면 된다. 그러면 그 질병은 자신의 소임을 다했기 때문에 어느새 치유되기도 한다. 이런 경우 질병은 메시지를 전달하는 매체다. "그의 노염은 잠깐이요 그의 은총은 평생이로다 저녁에는 울음이 깃들일지라도 아침에는 기쁨이 오리로다"(시 30:5). 시작은 육체의 아픔이었지만 회개를 통해 육체의 치유만이 아니라 영혼의 구원까지도 받게 된다. 이것이야말로 증상 치료만이 아니라 완전한 치유요 원인 치료요 근원적인 치유가 된다. 예수님도 신유 사역을 하실 때 베데스다의 38년 된 병자에게는 "보라 네가 나았으니 더 심한 것이 생기지 않게 다시는 죄를 범하지 말라"(요 5:14)라고 경고하셨는데, 이는 죄와 질병이 연결되어 있었던 사례다. 병자의 이웃은 병자를 정죄해서는 안 되고 오직 긍휼히 여기고 중보기도를 해줘야 한다. 하지만 병자 본인은 자신을 철저히 돌아보아 죄의 유무를 살펴야 한다.

야고보는 회개의 기도를 '개인적인 차원'에서만 다루는 것이 아니라 '공동체적 차원'에서도 다룸으로써 그 회개의 정도를 심화시키려 한다. '수직적인 차원의 회개'와 '수평적인 차원의 회개'가 결합될 때 회개는 더욱더 효과적이게 된다. "그러므로 너희 죄를 서로 고백하며 병이 낫기를 위하여 서로 기도하라"(약 5:16). 서로 죄를 고백하고, 서로 기도해 주라는 의미다. 전도서에서도 여러 사람이 관련될 때 그 효과성이 커지는 것을 말한 적이 있다. "한 사람이면 패하겠거니와 두 사람이면 맞설 수 있나니 세 겹 줄은 쉽게 끊어지지 아니하느니라"(전 4:12). 협동하는 차원만이 아니라 영적인 차원, 회개 기도의 차원도 동일한 원리가 적용된다. 이런 점이 교회 공동체의 유익이요 힘이다. 남에게 공개하기 힘든 죄악이나 악습이 있는 사람이 혼자 하나님 앞에 회개를 하면 곧바로 동일한 죄악에 빠지는 경우가 많지만, 공개적으로 공동체 앞에서 자신의 죄악과 악습을 고백하는 경우에는 그 죄악에서 쉽게 벗어나는 것을 발견할 수 있다. 교회를 부정하고 홀로 신앙생활을 하는 사람은 자기 스스로 자기 경건을 지켜야 하지만, 공동체 안에 있는 사람은 믿음의 형제자매들의 도움과 지지를 받을 수 있다. 물론 자기 죄를 서로 고백하고, 서로 기도해 주는 것은 강제 규정이 아니다. "고하다"라는 단어는 헬라어로 '엑스호몰로게오'인데 '밖으로'라는 뜻의 접두사 '엑스'와 '자발적으로 고백하다'는 의미의 '호몰로게오'의 합성어다. 교회 안에서 이루어지는 자기 죄의 고백은 자발적인 동기에서 벌어지는 일이다. 가톨릭에서 신부에게 고해성사를 하는 것을 의미하는 것은 아니다.

'너희 죄를 서로 고한다'는 것은 서로가 서로에게 끼친 고통을 인정하고 진심으로 사과하고 용서를 구한다는 의미로도 해석할 수 있다. 즉 가해자가 피해자에게 용서를 구하는 경우에도 이런 표현을 사용할 수 있다. 죄는 다른 피해자에게 '한'을 만들어 낸다. 다른 사람에게 지은 죄를 하나님에게만 회개하고 그의 '한'을 풀어 주지 않는다면 온전한 회개가 될 수 없다. 하나님 앞에 죄를 회개하였으면 회개에 합당한 열매를 맺어야 한다. 그리고 공동체는 항상 용서를 구하고 용서를 해주는 관행이 있어야 한다. 그럴 때 "너희가 땅에서 매면 하늘에서도 매일 것이요 무엇이든지 땅에서 풀면 하늘에서도 풀리리라"(마 18:18)는 예수님의 말씀이 교회 공동체 안에 이루어지게 될 것이다. 죄를 고백하면 또한 용서도 해주어야 한다. "일곱 번뿐 아니라 일곱 번을 일흔 번까지라도 할지니라"(마 18:22).

독일의 신학자 본회퍼의 「신도의 공동생활」에 보면 영성 훈련 중 하나로 공동체 앞에서 죄를 고백하는 것이 나온다. '과연 이것이 현실에서 가능할까?' 하는 의구심이 들기도 하는 내용이다. 내 죄를 남이 아는 것도 부끄러울 텐데, 많은 사람 앞에서 자기 입으로 낱낱이 고백한다는 것은 보통 큰 용기와 헌신이 없으면 불가능하다. '고백의 시간이 지난 뒤 평상시에 어떻게 서먹서먹한 관계를 극복할 것인가?', '자신에 대한 나쁜 소문이 나면 어떻게 할 것인가?' 하는 고민도 생긴다. 하지만 그 공동체가 진정으로 자기의 허물처럼 아파하고 아껴 주고 용서하고 사랑하고 포용하는 치유의 공동체라면 그런 것도 가능할 것이라고 생각한다. 그러기 위해서는 공동체의 구성원들이 성숙한 신앙을 가지고 있어야 한다. 만일 그런 정도의 차원까지는 도달하지 못했다고 해도, 자신의 허물에 대해서 상대방에게 사과하고 용서를 구하는 정도만이라고 했으면 좋겠다. 그것만도 유익한 것이다. 죄를 서로 고백한다는 것이 어떤 뜻이든 간에, 이처럼 서로 죄를 고백하고 서로 기도해 주는 공동체는 성숙한 공동체, 건강한 공동체다. 우리는 믿음 안에서 이런 공동체를 만들어나갈 수 있도록 노력해야 한다.

야고보는 서로 기도해 줄 때 큰 능력이 나타남을 보여 준다. '역사하는 힘이 큰 의인의 간구'라는 지원 사격을 받을 수 있기 때문이다. 누가 의인인가? 여기서 말하는 의인은 절대적으로 죄가 없는 사람을 가리키는 것이 아니라, 죄성이 있어도 참되게 하나님을 대하는 사람이라고 보면 된다. 앞에서 야고보는 병자에게 교회의 영적 지도자들인 장로들을 초청하여 기도를 부탁하라고 말했다. 하지만 교회 대표자들인 장로들만이 병자를 위한 중보기도의 의무를 가지는 것은 아니다. 병든 자는 공동체에 부탁하여 형제자매들의 중보기도를 요청해야 하며, 개중에 의인의 간구가 큰 역사를 이룰 수 있다는 의미다. 그런 점에서 병자를 위한 중보기도의 의무에서 제외되는 사람은 없다. 하나님의 응답을 이끌어 내는 탁월한 기도의 카리스마를 갖고 있는 영적 엘리트가 따로 있는 것이 아니다. 교회 내에서 누구라도 간구하는 의인이 될 수 있다. 오늘은 내가 의인이 되어 의인의 간구를 드릴 수 있고, 내일은 당신이 의인으로서 의인의 간구를 드릴 수 있다. 이렇듯 서로가 서로의 의인이 되어 의인의 간구로 병자를 일으켜 세우는 역사를 이루라는 것이다. 야고보는 병자를 위한 비범한 기도가 있음을 인정하고 있다. 하지만 사람이 비범한 것이 아니라 기도가 비범했다는 사실을 명심해야 한다. 비범한 기도가 비범한 사람을 만들 뿐이다.

야고보는 강력한 힘이 있는 '의인의 간구'의 예로 성경의 인물을 제시한다. 바로 엘리야다. "엘리야는 우리와 성정이 같은 사람이로되 그가 비가 오지 않기를 간절히 기도한즉 삼 년 육 개월 동안 땅에 비가 오지 아니하고 다시 기도하니 하늘이 비를 주고 땅이 열매를 맺었느니라"(약 5:17-18). 엘리야를 우리와 성정이 같은 사람이라고 말한 것은 그도 우리와 똑같이 인간적인 약점이 많은 사람이라는 의미다. 한편으로는 하나님께서 그를 들어 위대하게 사용하시기도 했지만, 한편으로는 권력의 위협 앞에 한없이 작아지고 두려움을 느끼고 자포자기했던 사람이기도 하다. 하지만 그는 끊임없이 기도에 전념한 사람이다. 오죽했으면 그를 낙타 무릎을 가진 사람이라고 했겠는가. "엘리야가 갈멜산 꼭대기로 올라가서 땅에 꿇어 엎드려 그의 얼굴을 무릎 사이에 넣고"(왕상 18:42). 엘리야는 기도로 그의 한계를 극복할 수 있었다. 기도는 나의 한계와 약점을 극복하게 하고, 나를 능력 있는 사람으로 만들어 준다. 엘리야는 자신의 한계를 알았던 사람이다. 그래서 간절하게 기도했다. '간절하게 기도한즉'은 헬라어로 '프슈수케 프로스세우크사토'인데 '기도로 기도하라'는 뜻이다. 기도가 두 번 반복될 정도로 '간절하게 열정적으로 기도했다'는 뜻이다. 그는 기도로 하나님의 공급하시는 힘을 받았던 사람이다. 그릿 시냇가에서, 사르밧에서, 갈멜산에서 그리고 호렙산에서 엘리야는 가는 곳마다 기도로 승리했다. 그 과정을 통해 홀로 있음의 영성, 더불어 사는 영성, 세미한 음성을 듣는 영성을 함양할 수 있었다.

엘리야는 엘리사와 함께 능력 있는 선지자의 대표적인 인물이다. 역사하는 힘이 큰 의인의 간구의 실례다. 과연 엘리야의 많은 기적과 역사 중 어떤 것이 간구의 힘을 보여 주고 있는가? 갈멜산에서 불을 내린 일도 장관이지만, 야고보는 아합 왕가에게 경고의 의미로 비가 내리지 않게 한 사건을 예시로 들고 있다. 엘리야가 기도하니 비가 오지 않았고, 다시 기도하니 비가 내렸다는 것이다. 그것도 무려 삼 년 육 개월 동안 사이를 두고 말이다. 비가 흔히 내리는 지역에 살고 있는 우리로서는 이해하기 힘들지만, 중동지방은 강우량이 적고 강우 시기도 제한적이라는 점을 비추어 보면 그 기도의 위력이 어느 정도였는지 가늠할 수 있다. 제한적인 강수가 한 해만 내리지 않아도 재앙을 맞는 곳이 바로 이곳이다. 그런데 기도로 무려 삼 년 육 개월 동안 가뭄을 발생시켰다는 것은 그의 기도의 엄청난 능력을 보여 주는 것이다. 중동에서 비가 오는 것은 생명이자 기쁨이지만, 비가 오지 않는 것은 죽음이며 재앙이다. 비가 옴과 오지 않음은 곧바로 풍년과 흉년을 결정하며, 하나님의 구원과 심판을 상징한다. 엘리야의 기도는 중동 사람들에게 제일 중요한 비를 결정지었다. 즉 자연현상을 좌지우지 했다는 것이다. 첫 번째로 드린 엘리야의 '비가 내리지 않는' 기도는 우상숭배로 치닫는 아합 정권을 향한 강력한 경고의 메시지요, 두 번째로 드린 엘리야의 '비가 내리는' 기도는 죽어가는 세상을 향한 하나님의 회복의 은혜를 구하는 것이었다.

엘리야의 기도로 하늘이 비를 내리고, 땅이 열매를 맺었다. 하늘과 땅에서 역사가 일어났다. 하늘과 땅과 인간이 기도로 연결되었다. 하지만 엘리야만 특별한 사람이 아니다. 우리와 동일한 사람이다. 오직 특별한 존재가 있다면 하나님이시다. 특별한 사건이 있다면 엘리야의 기도가 특별할 뿐이다. 이처럼 기도하는 사람에게 특별한 역사가 일어난다. 그래서 야고보는 우리 모두에게 기도하라고 권면하고 있다. 우리도 엘리야처럼 이러한 본을 보여야 한다.

이제 야고보는 서신을 마무리 짓는다(약 5:19-20). 그런데 야고보 서신의 종결은 문안 인사나 축도로 마무리하는 바울이나 베드로의 서신과 다르다. 이것은 야고보서의 기록 목적을 반영하기 때문이다. 야고보는 자기의 서신을 미혹 당한 자에 대한 책임을 당부하는 말로 끝을 맺는다. "내 형제들아 너희 중에 미혹되어 진리를 떠난 자를 누가 돌아서게 하면 너희가 알 것은 죄인을 미혹된 길에서 돌아서게 하는 자가 그의 영혼을 사망에서 구원할 것이며 허다한 죄를 덮을 것임이라"(약 5:19-20). "미혹하다"는 헬라어로 '플라네'로서 '헤매다'는 뜻이다. "미혹되어 진리를 떠난 자"는 '진리에서 이탈하여 배회하는 자'다. 예수 그리스도의 복음을 받아들여 진리의 길을 걷던 교인들이 유대교나 기타 고대 신비주의 종교로 다시 빠져 헤매는 모습을 그리고 있다. 하지만 복음 외에 다른 것은 죽음만이 예약되어 있다. 그러므로 그들을 반드시 건져내야 한다. 미혹의 길에서 진리의 길로, 사망에서 생명으로 인도해야 한다. 그들은 현재 사고와 행동의 목표와 방향 감각은 물론 판단력도 삐뚤어진 상태다. 그들은 주로 외적인 영향에 의해서 이탈의 길로 들어서게 되었다. 따라서 회개하도록 도와야 하는데 가장 중요한 수단이 바로 기도다. 이것이 그들의 영혼을 사망, 즉 영원한 멸망에서 구원하는 길이다.

방황하고 있는 영혼을 돌아서게 하는 일은 공동체의 의무다. 물론 공동체 자체도 많은 병폐를 가지고 있다. 악한 말, 불순종, 이웃에 대한 무관심과 차별, 세속주의, 싸움, 질투와 교만, 욕심, 언행 불일치, 물질주의, 착취와 억압, 맹세, 위선, 분노, 원망 등. 그래서 공동체의 이런 문제들을 보면서 낙심하고 시험에 들어 세상으로 나아간 사람들이 많다. 공동체는 자체적인 병폐를 고쳐야 할 뿐만 아니라 공동체를 떠난 영혼들도 돌아오게 해야 할 의무가 있다. 공동체를 회복시켜야 할 책임이 있다. 그래서 마지막 단락에서 야고보는 기도하고, 찬양하며, 고백하고, 권면할 때 교회는 세워진다는 말을 하고 있는 것이다. 고난당한 자를 위해 함께 기도하고, 감사한 일이 있을 때 함께 찬양하고, 병든 사람이 있을 때 함께 중보하고, 낙심한 사람이 있을 때 함께 권면해야 한다. "성자에게도 과

거가 있고, 죄인에게도 미래가 있다"는 말이 있다. 그런데 변화의 중심에는 기도가 있다. 회개의 기도로 과거를 지울 수 있고, 소망의 기도로 미래를 열 수 있다. 왜 야고보는 기도에 대한 말씀으로 끝을 맺는가? 야고보는 못다 한 말씀이 많지만 기도로 알게 될 것을 암시하고 있다. 기도할 때 말씀을 주시고, 깨닫게 하시고, 행할 힘을 주신다. 믿음의 기도는 성도들이 세상에 사는 한 계속되어야 하는 것이다. 기도는 만능의 키다.

강의 영상

야고보서, 삶으로 읽다

1판 1쇄 인쇄 2022년 4월 5일
1판 1쇄 발행 2022년 4월 11일

지은이 한기채
발행인 조애신
편집 이소연
디자인 임은미
마케팅 전필영, 고태석
경영지원 전두표

발행처 도서출판 토기장이
주소 서울시 마포구 동교로 71-1 신광빌딩 2F
출판등록 1998년 5월 29일 제1998-000070호
전화 02-3143-0400
팩스 0505-300-0646
이메일 tletter77@naver.com
페이스북 www.facebook.com/togijangibook
인스타그램 @book.library.togi

ISBN 978-89-7782-467-6

도서출판 토기장이는 생명 있는 책만 만듭니다.
"우리는 진흙이요 주는 토기장이시니 우리는 다 주의 손으로 지으신 것이니이다" (이사야 64:8)